全国技工院校汽车维修专业（中级技能层级）

汽车识图（第二版）习题册

王希波◎主编　初向欣◎主审

中国劳动社会保障出版社

简介

本习题册是全国技工院校汽车维修专业模块化教材（中级技能层级）《汽车识图（第二版）》的配套用书。习题册内容紧扣教材的教学要求，注重基础知识的巩固和基本能力的培养，知识点分布均衡，题型丰富，难易适当，有助于学生复习巩固所学知识。

本习题册由王希波任主编，吴致远参与编写，初向欣任主审。

图书在版编目（CIP）数据

汽车识图（第二版）习题册 / 王希波主编 . -- 北京 : 中国劳动社会保障出版社，2023
全国技工院校汽车维修专业 . 中级技能层级
ISBN 978-7-5167-5805-2

Ⅰ. ①汽…　Ⅱ. ①王…　Ⅲ. ①汽车 - 机械图 - 识图 - 中等专业学校 - 习题集　Ⅳ. ① U463-44

中国国家版本馆 CIP 数据核字（2023）第 011428 号

中国劳动社会保障出版社出版发行
（北京市惠新东街 1 号　邮政编码：100029）

*

北京市科星印刷有限责任公司印刷装订　　新华书店经销

787 毫米 ×1092 毫米　16 开本　5 印张　96 千字
2023 年 3 月第 1 版　　2024 年 5 月第 4 次印刷
定价：11.00 元

营销中心电话：400-606-6496
出版社网址：http://www.class.com.cn
http://jg.class.com.cn

目　录

模块一　制图基本知识与基本技能

课题一　绘制简单图形

1-1-1　抄画平面图形（同步训练*，比例为 1 ： 1，保留作图线）

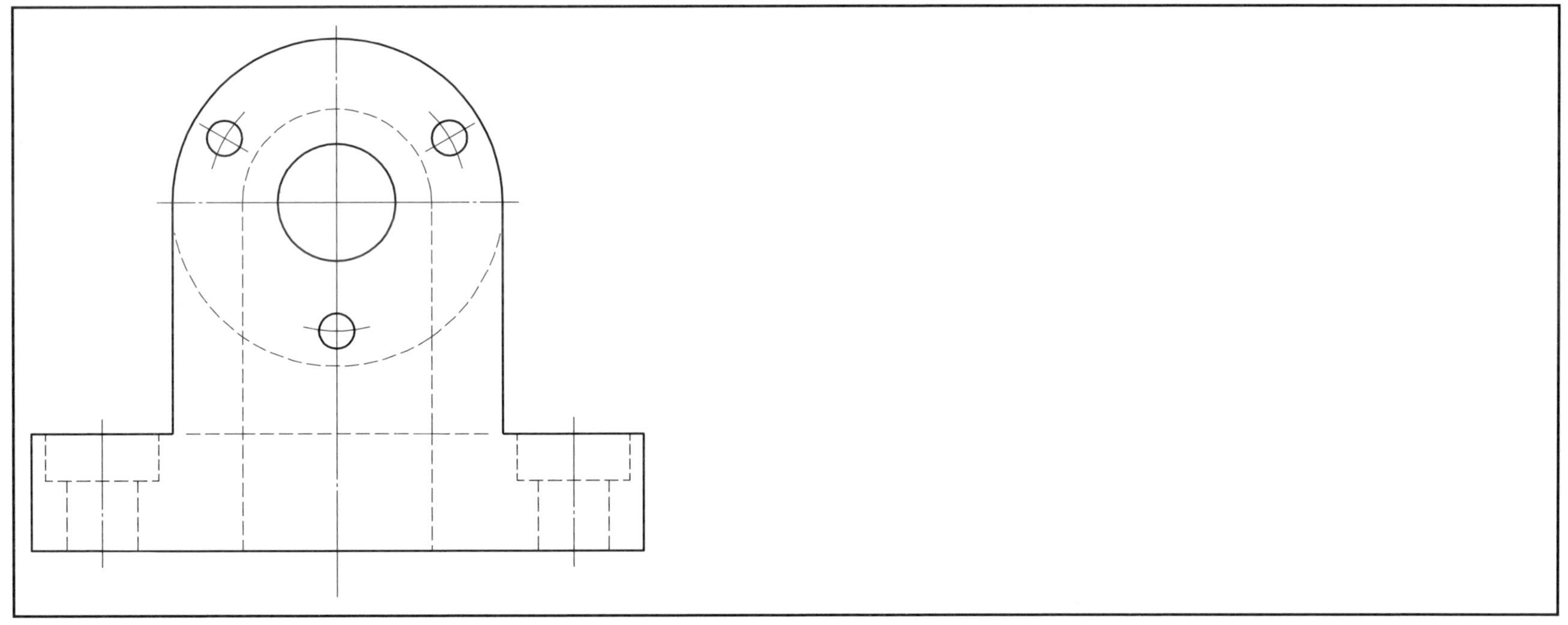

班级　　学号　　姓名

* 同步训练与教材有关内容同步，供课堂教学时教师实施教、学、练一体化教学使用。

1-1-2　在下方抄画平面图形（比例为 1 ： 1，保留作图线）

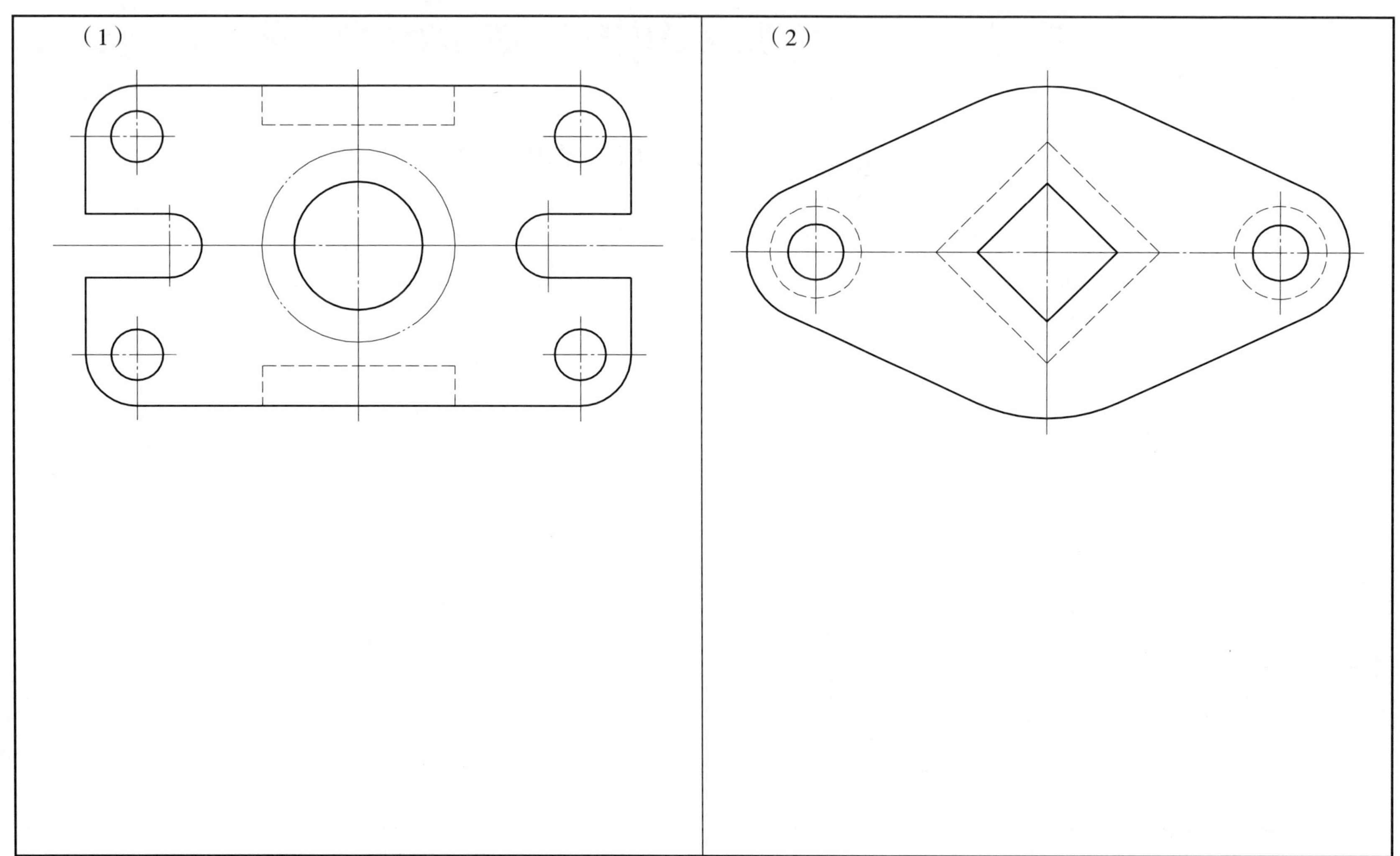

班级　　　　学号　　　　姓名

1-1-3 选择合适的比例，绘制拉楔平面图，并标注斜度、锥度和尺寸（同步训练）

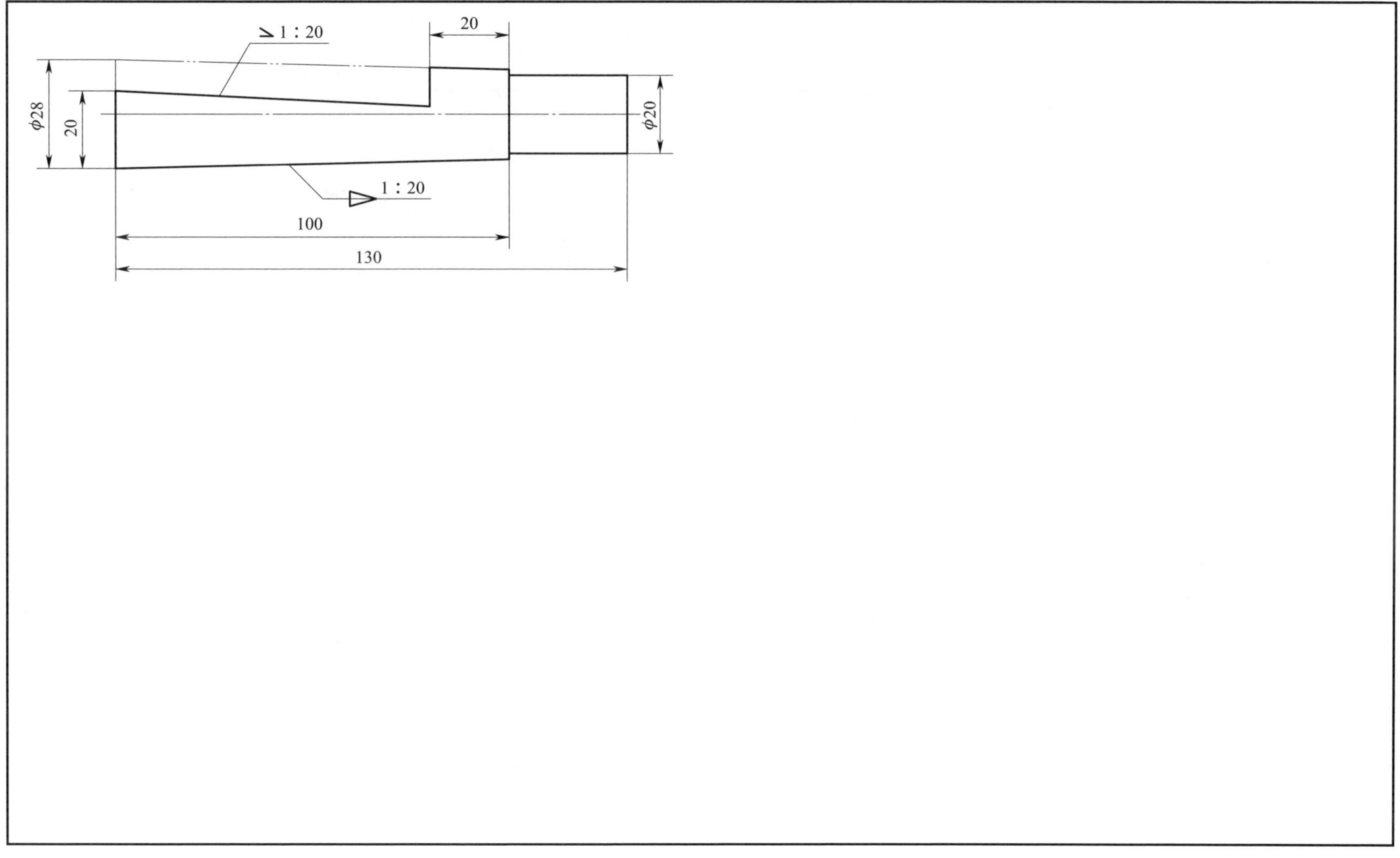

班级　　学号　　姓名

课题  识读与标注平面图上的尺寸

1-2-1　标注平面图形的尺寸（同步训练，尺寸可从图中量取，取整数）

（1）

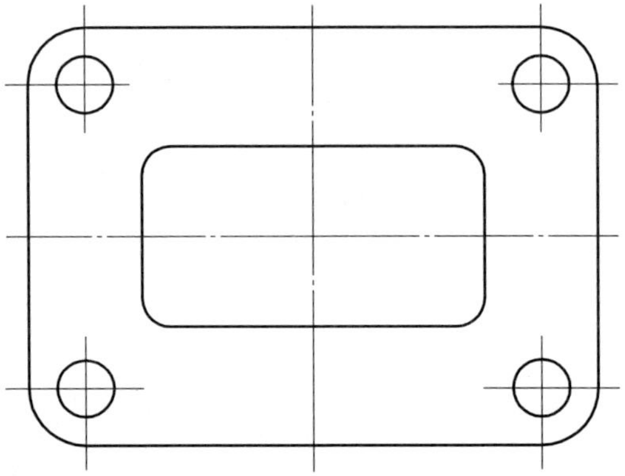

（2）

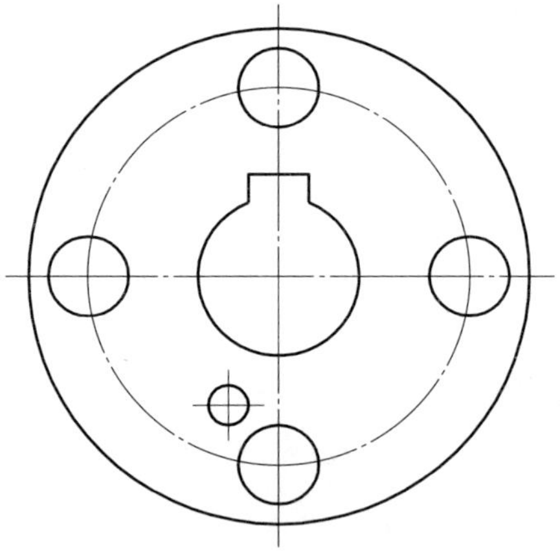

班级　　　　学号　　　　姓名

1-2-2 标注平面图形的尺寸（尺寸可从图中量取，取整数）

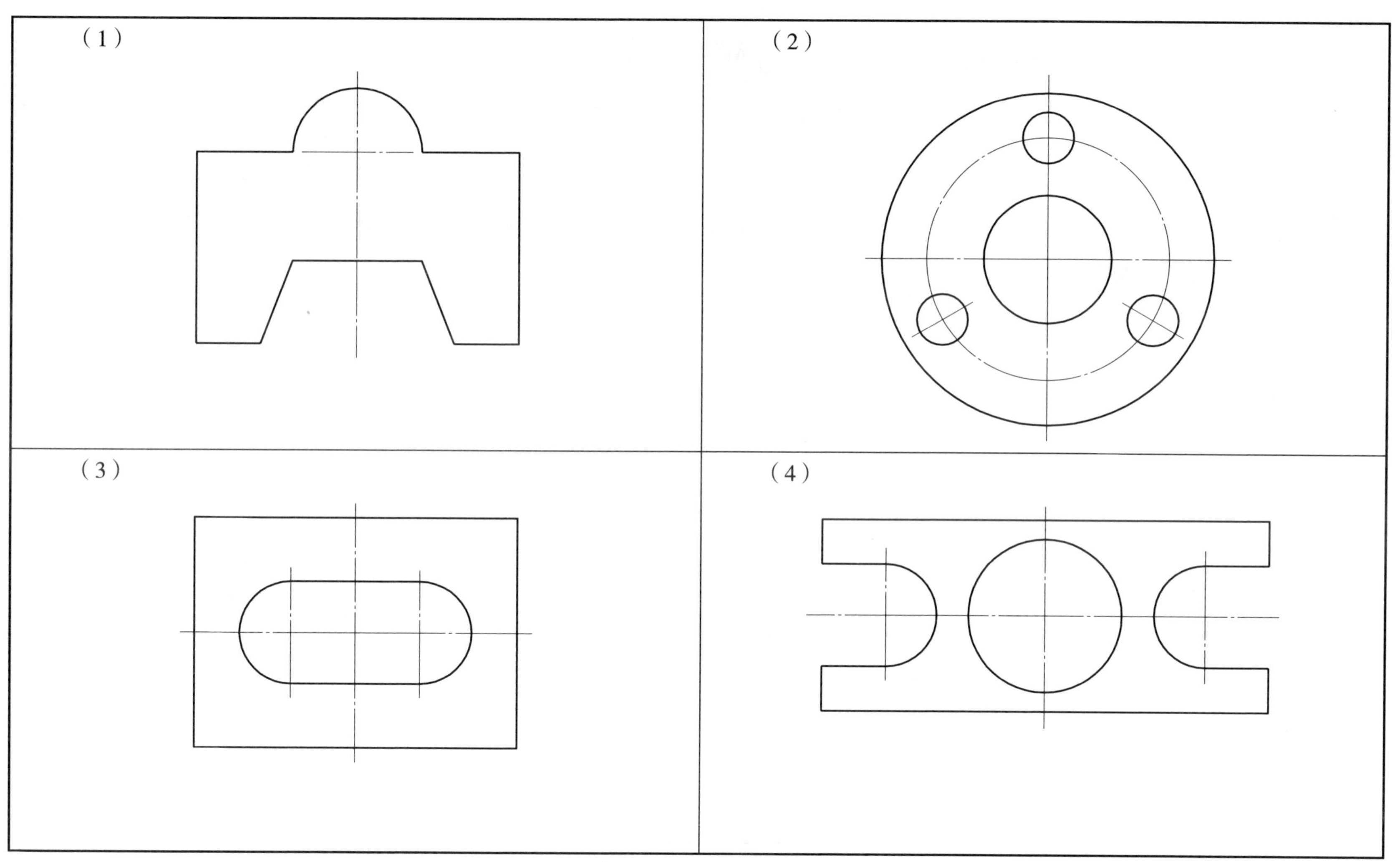

班级　　学号　　姓名

课题　绘制平面图

1-3-1　按照 1 ：2 的比例抄画平面图形，并标注尺寸（同步训练）

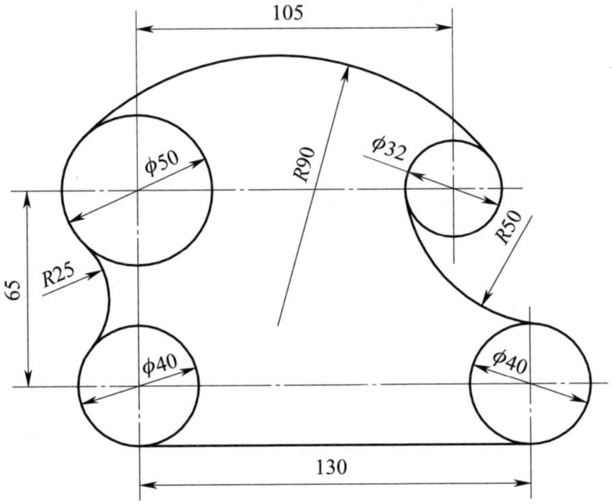

班级　　　　学号　　　　姓名

1-3-2 按照样图上所注尺寸完成下面图形的线段连接（比例为 1 ： 1，保留作图线）

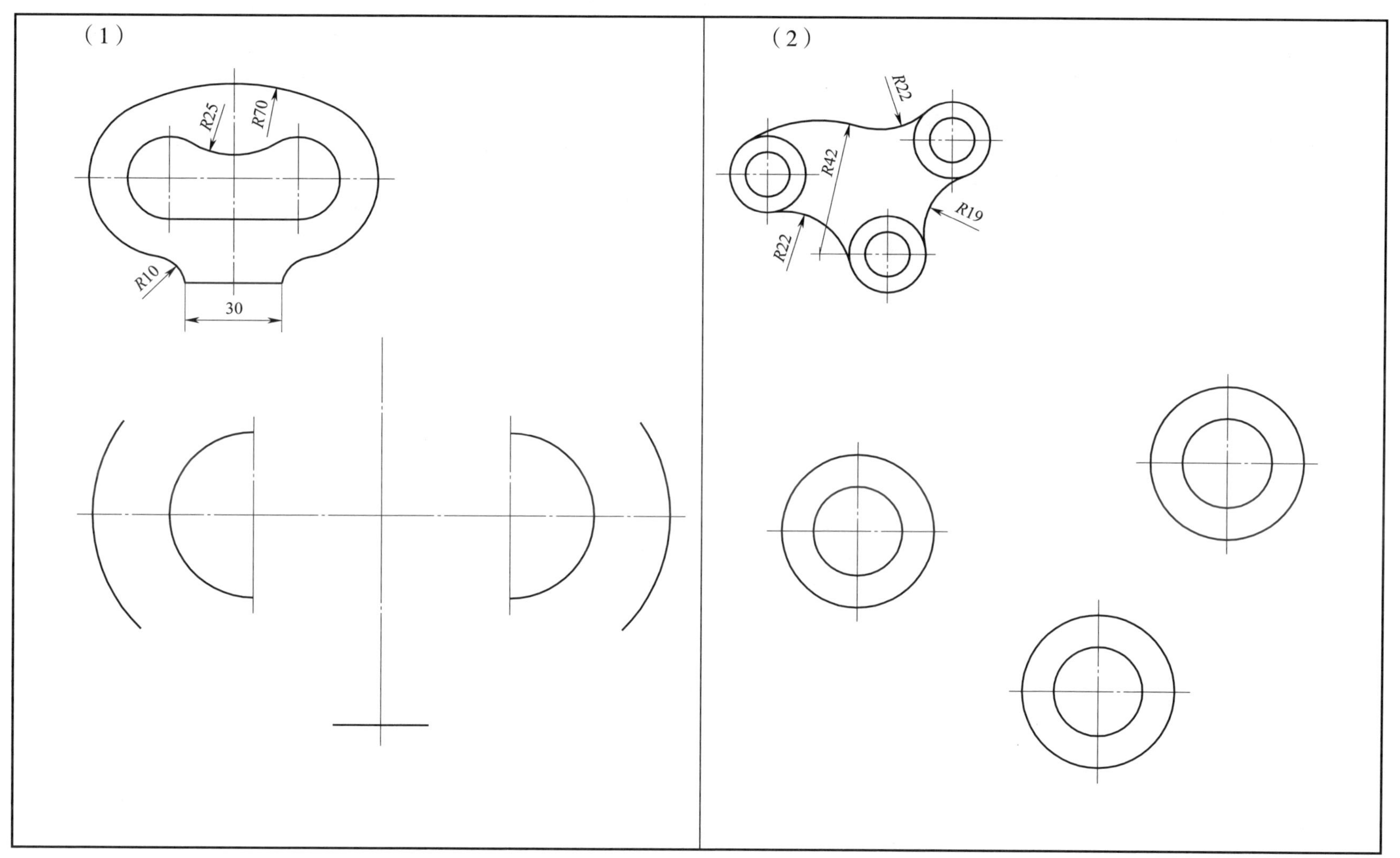

班级　　学号　　姓名

1-3-3 按照样图上所注尺寸，选择合适的比例，在下方绘制图形，并标注尺寸（同步训练）

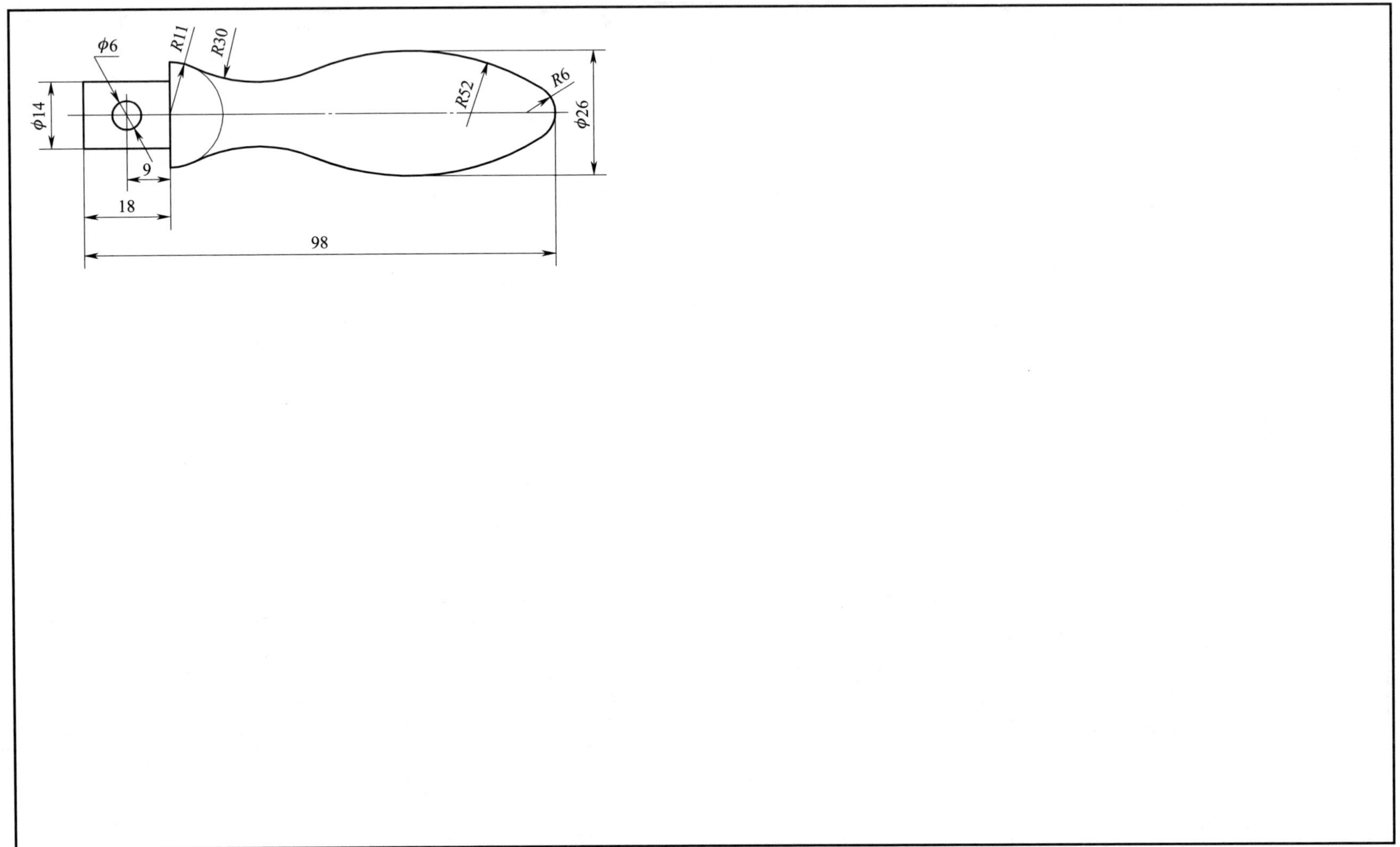

班级　　学号　　姓名

1-3-4 按照样图上所注尺寸，在下方绘制图形，并标注尺寸（比例为 1 ：1）

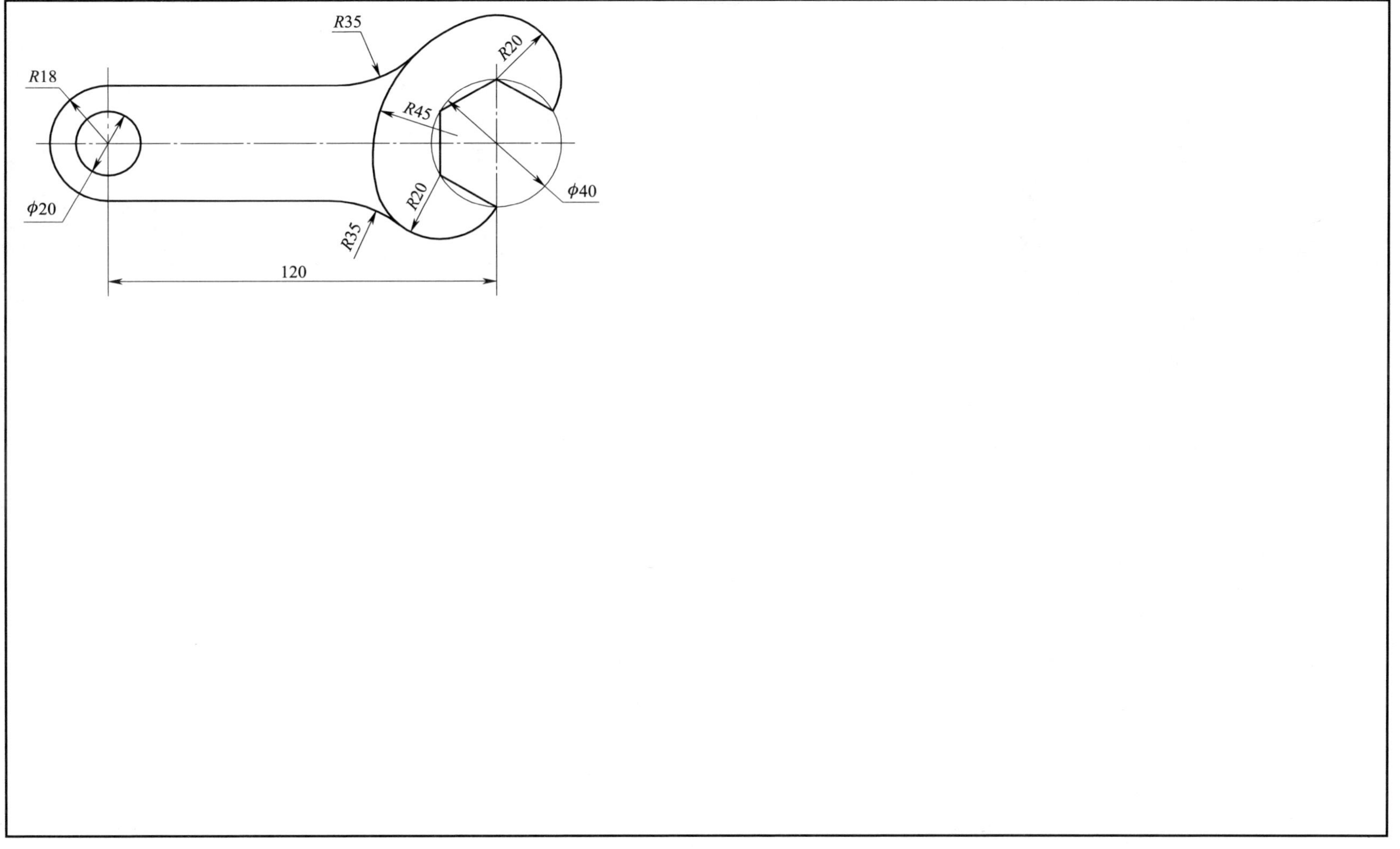

班级　　　　学号　　　　姓名

模块二　投影与三视图

课题一　绘制简单形体的三视图

2-1-1　绘制三视图

（1）根据长方体的立体图绘制三视图（同步训练）

（2）根据立体图绘制三视图（同步训练）

（3）根据两视图绘制第三视图（同步训练）

（4）根据两视图绘制第三视图

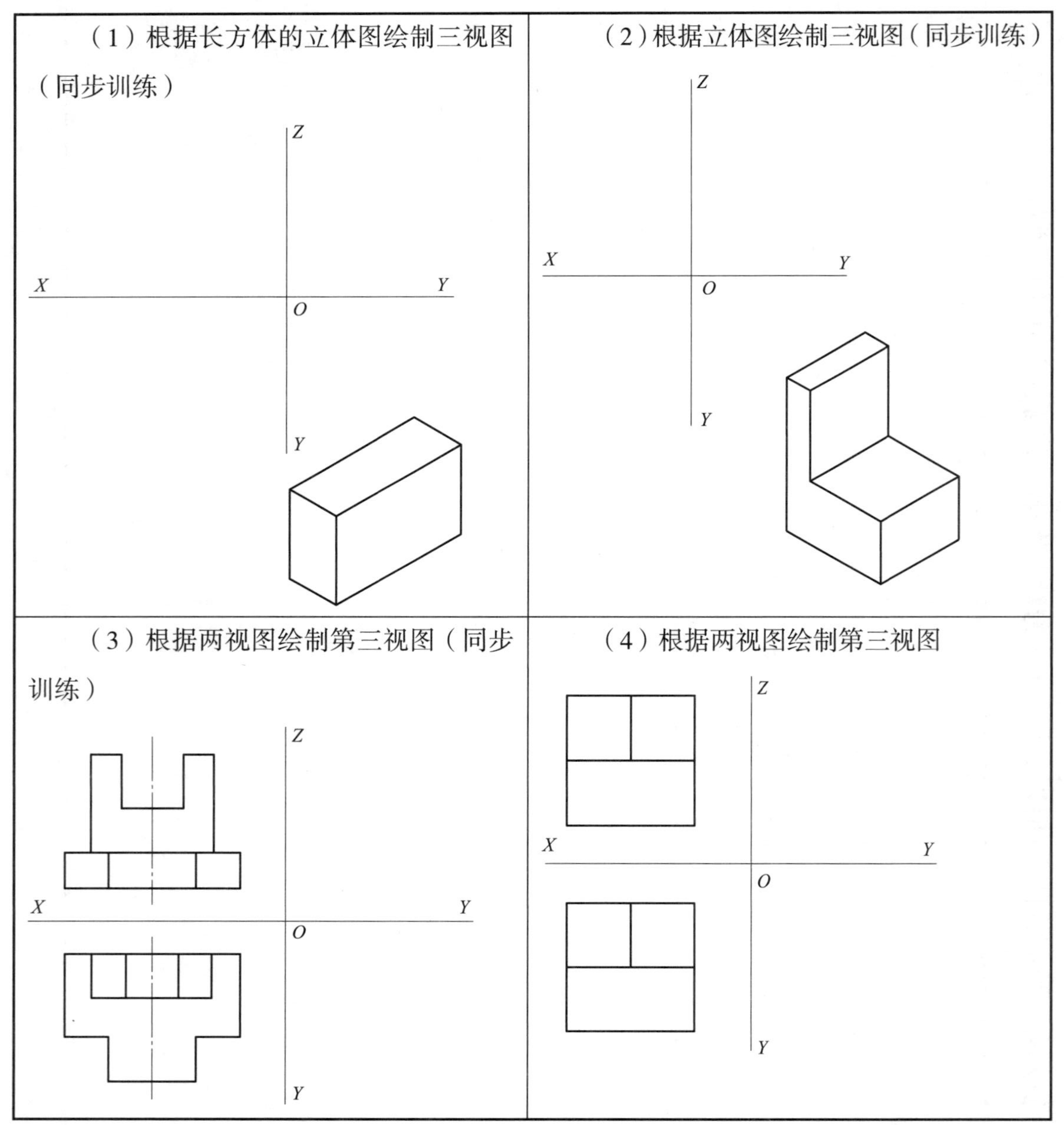

班级　　学号　　姓名

2-1-2 参照立体图，根据两视图补画第三视图

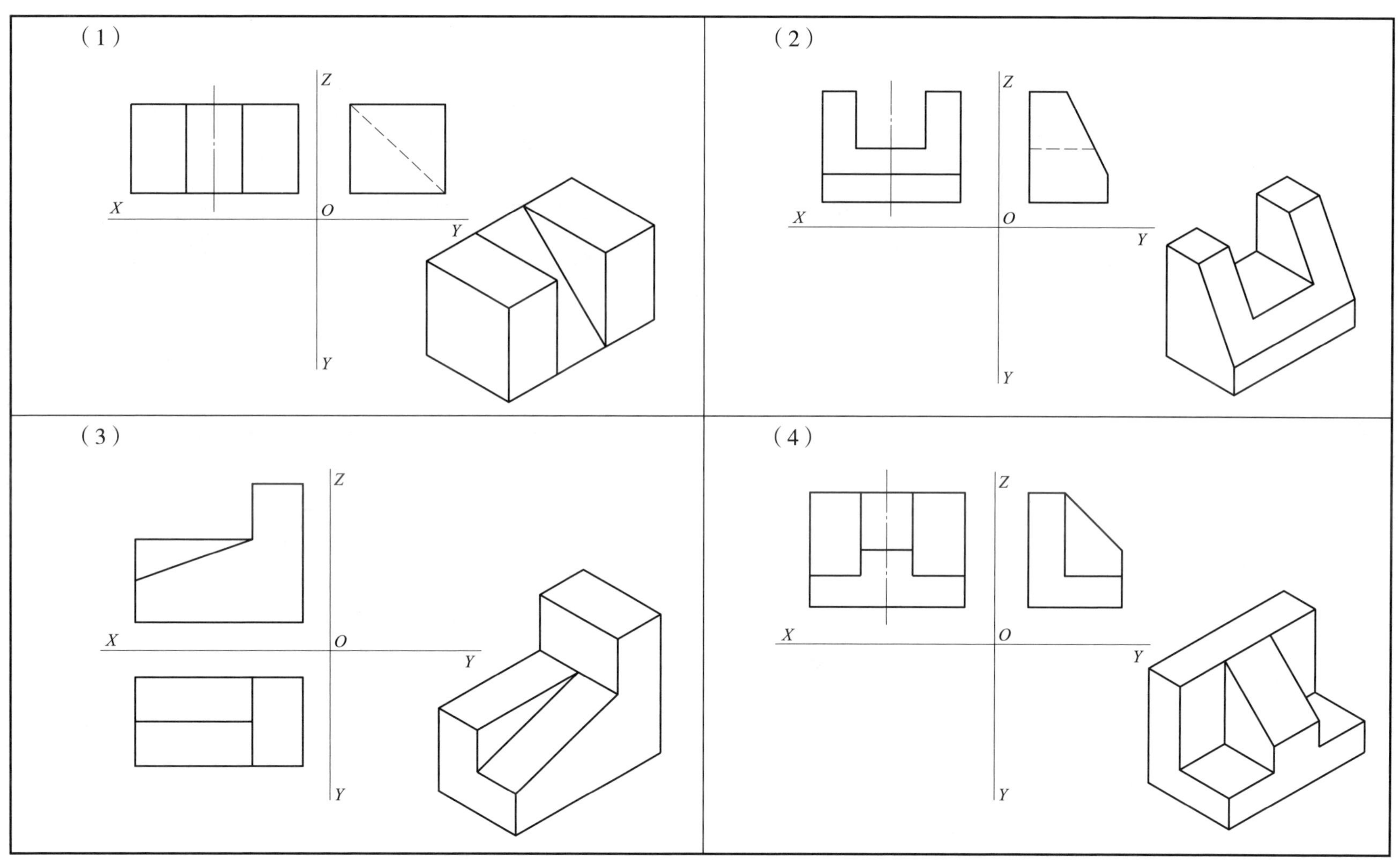

班级　　学号　　姓名

2-1-3　根据两视图补画第三视图

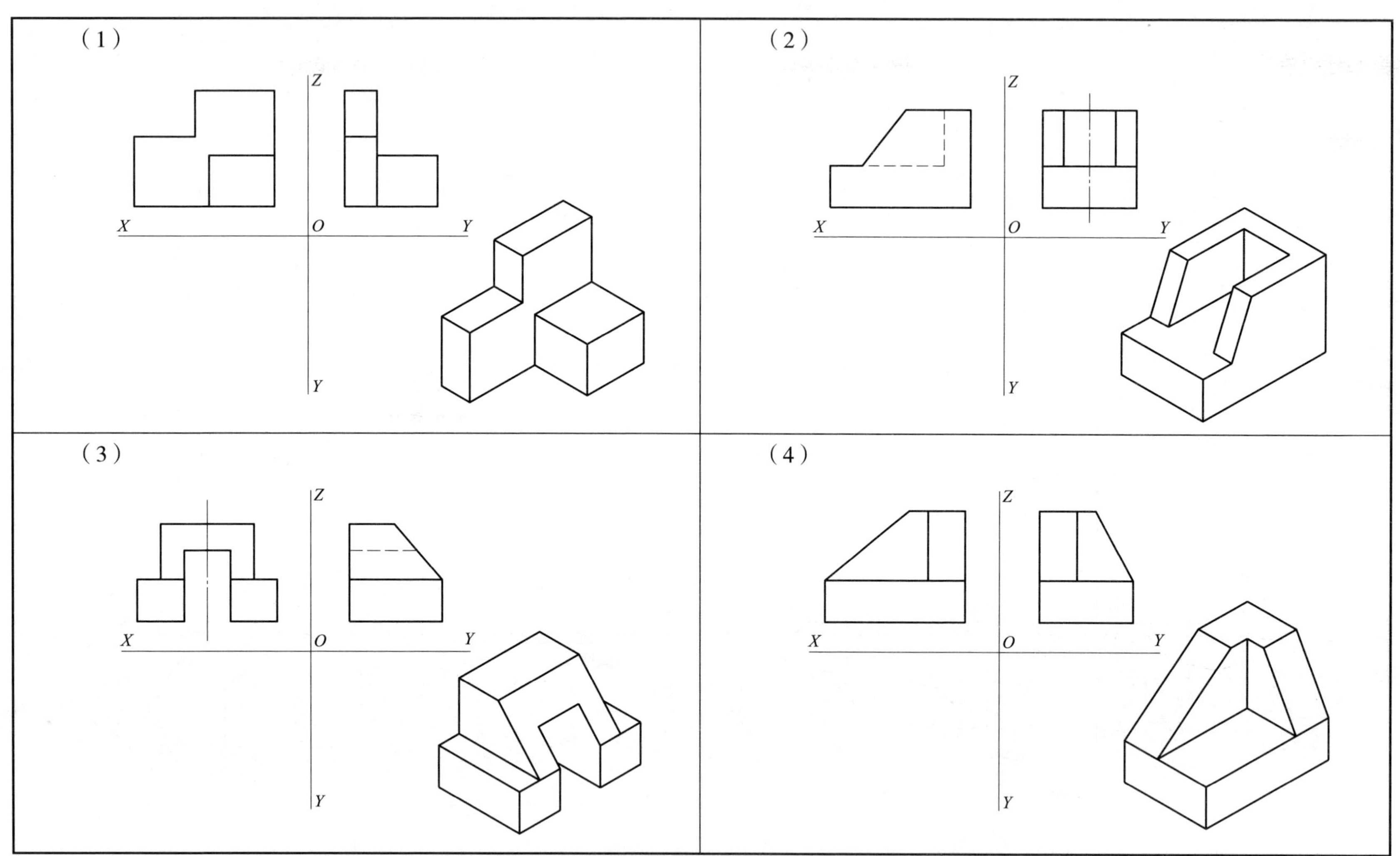

班级　　学号　　姓名

课题二 点的投影

2-2-1 点的投影

(1) 已知点 A 到侧投影面的距离为 30 mm，到正投影面的距离为 16 mm，到水平投影面的距离为 24 mm，绘制点 A 的三面投影（同步训练）

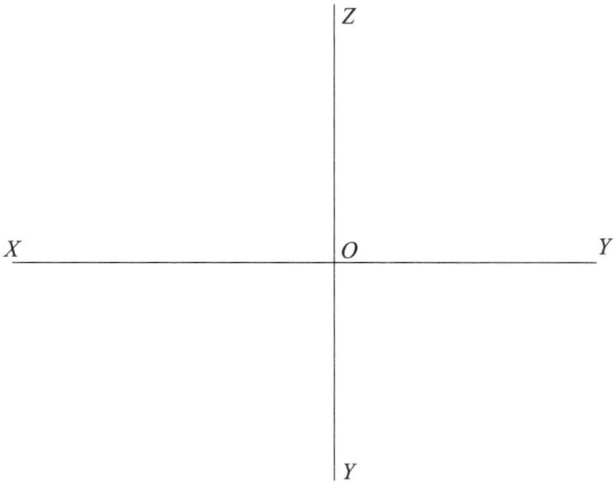

(2) 根据点 A、B、C 的两面投影，求作其第三投影（同步训练）

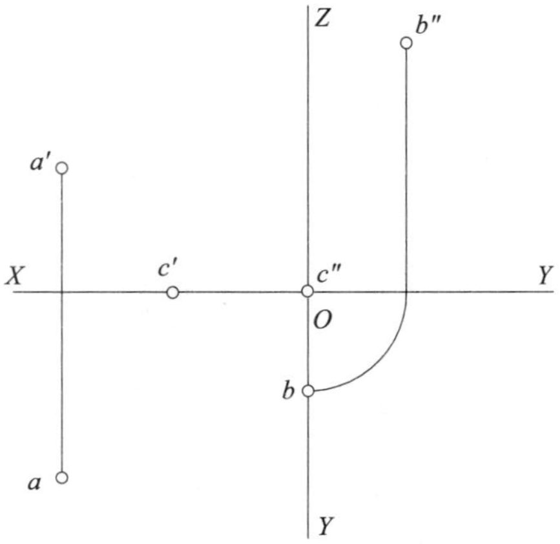

(3) 求点 A、B 的第三投影，并比较两点的相对位置

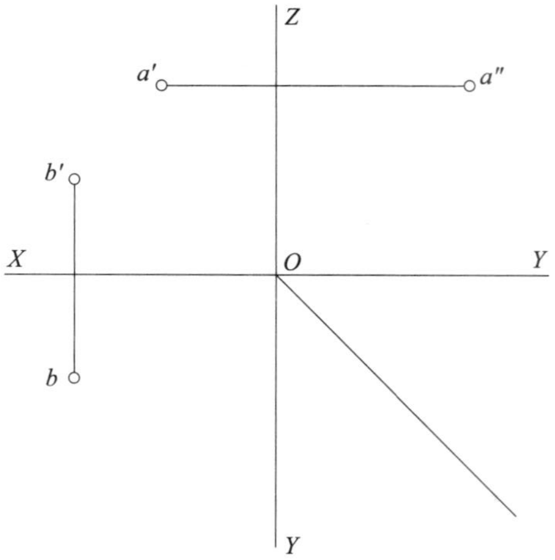

比高低：A_____ B_____。

比左右：A_____ B_____。

比前后：A_____ B_____。

(4) 已知点 E 是点 D 在主视图上的重影点，求两点的未知投影

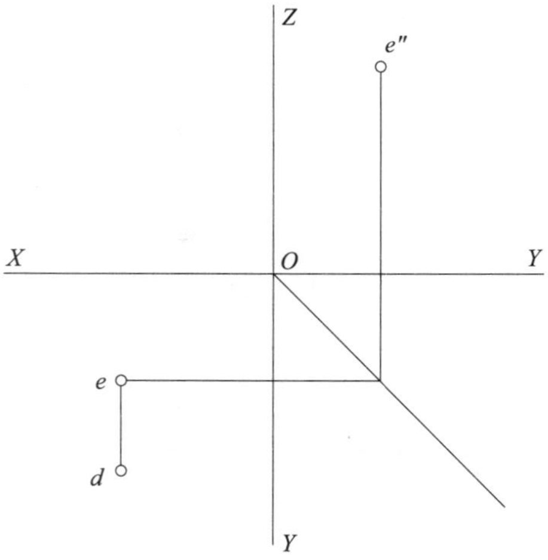

班级　　学号　　姓名

课题三　直线的投影

2-3-1　直线的投影

（1）补画直线 AB 的水平投影，并填空（同步训练）

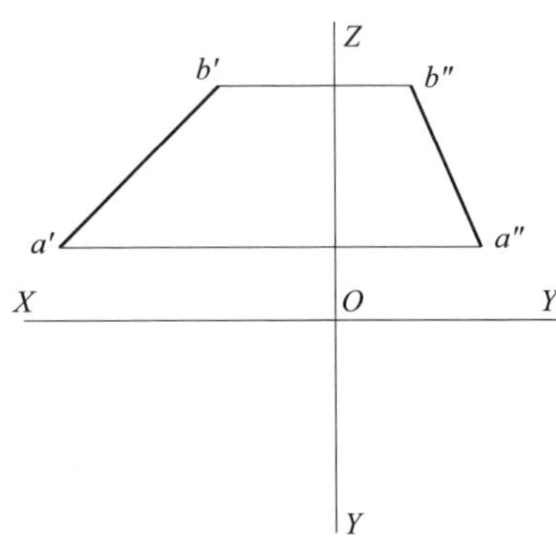

1）直线 AB 与三投影面的位置关系：与正投影面________，与水平投影面________，与侧投影面________。

2）判断直线 AB 的种类：直线 AB 为______线。

（2）补画直线 AB 的侧面投影，并填空

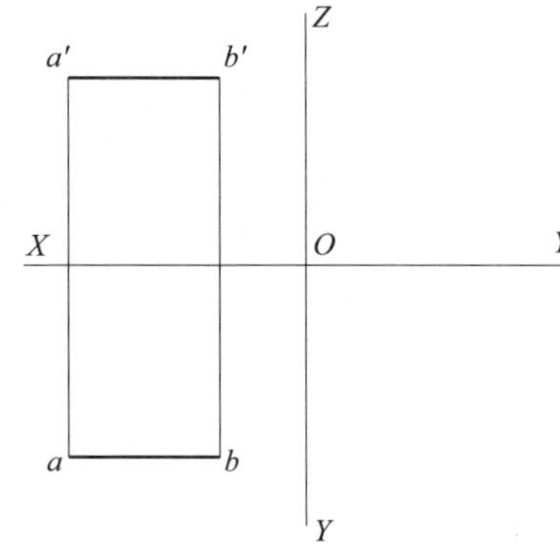

1）直线 AB 与三投影面的位置关系：与正投影面________，与水平投影面________，与侧投影面________。

2）判断直线 AB 的种类：直线 AB 为________线。

3）反映直线 AB 实长的投影是_____投影和_____投影。

（3）补画直线 EF 的正面投影，并填空

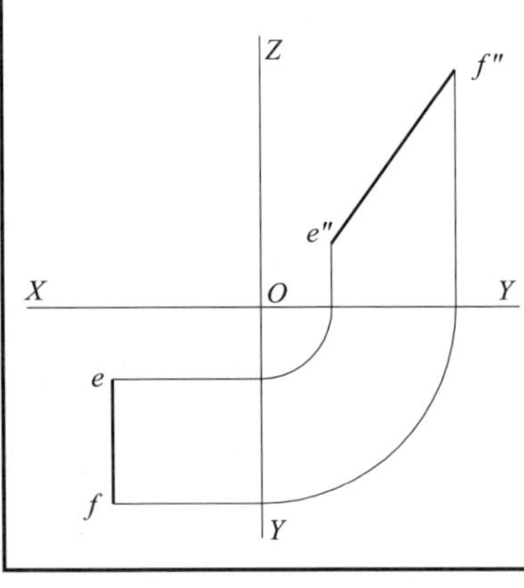

1）直线 EF 与三投影面的位置关系：与正投影面________，与水平投影面________，与侧投影面________。

2）判断直线 EF 的种类：直线 EF 为________线。

3）反映直线 EF 实长的投影是______投影。

（4）补画直线 CD 的侧面投影，并填空

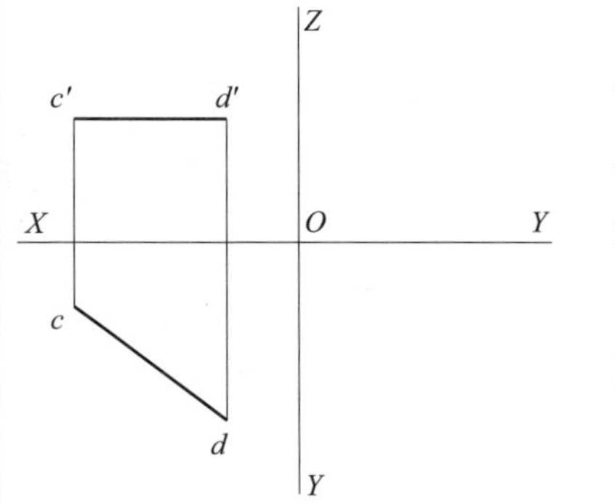

1）直线 CD 与三投影面的位置关系：与正投影面________，与水平投影面________，与侧投影面________。

2）判断直线 CD 的种类：直线 CD 为________线。

3）反映直线 CD 实长的投影是______投影。

班级　　　学号　　　姓名

课题四　平面的投影

2-4-1　平面的投影

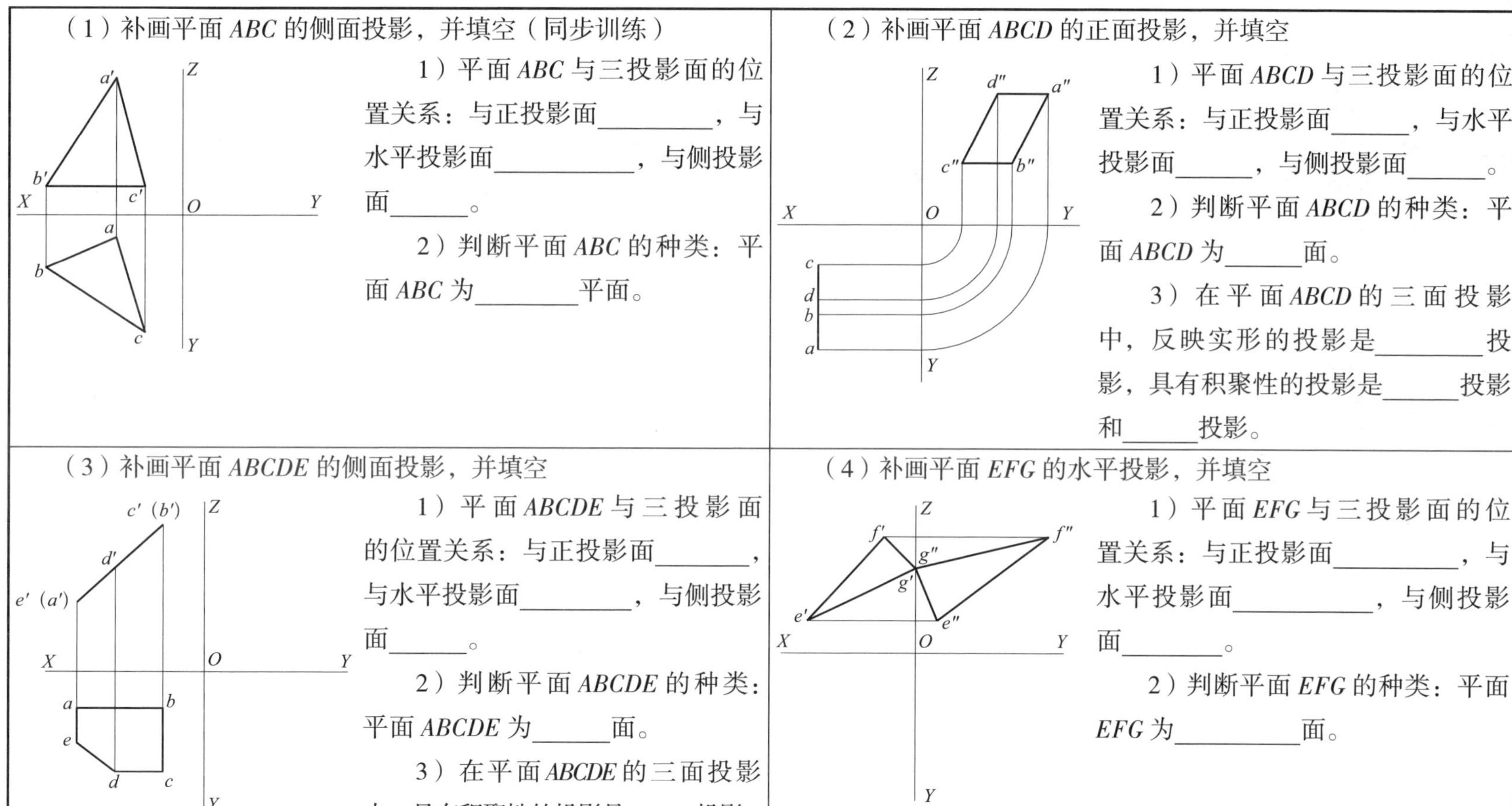

（1）补画平面 *ABC* 的侧面投影，并填空（同步训练）

1）平面 *ABC* 与三投影面的位置关系：与正投影面________，与水平投影面________，与侧投影面______。

2）判断平面 *ABC* 的种类：平面 *ABC* 为________平面。

（2）补画平面 *ABCD* 的正面投影，并填空

1）平面 *ABCD* 与三投影面的位置关系：与正投影面______，与水平投影面______，与侧投影面______。

2）判断平面 *ABCD* 的种类：平面 *ABCD* 为______面。

3）在平面 *ABCD* 的三面投影中，反映实形的投影是________投影，具有积聚性的投影是______投影和______投影。

（3）补画平面 *ABCDE* 的侧面投影，并填空

1）平面 *ABCDE* 与三投影面的位置关系：与正投影面________，与水平投影面________，与侧投影面______。

2）判断平面 *ABCDE* 的种类：平面 *ABCDE* 为______面。

3）在平面 *ABCDE* 的三面投影中，具有积聚性的投影是______投影。

（4）补画平面 *EFG* 的水平投影，并填空

1）平面 *EFG* 与三投影面的位置关系：与正投影面__________，与水平投影面__________，与侧投影面________。

2）判断平面 *EFG* 的种类：平面 *EFG* 为__________面。

班级　　　学号　　　姓名

课题五　绘制基本几何体的三视图

2-5-1　绘制基本几何体的三视图，并标注尺寸（同步训练）

（1）绘制正六棱柱的三视图（底面正六边形外接圆的直径为 24 mm，正六棱柱的高为 12 mm）	（2）绘制正四棱锥的三视图（底面正方形的边长为 21 mm，正四棱锥的高为 25 mm）
（3）绘制圆柱的三视图（底面圆的直径为 24 mm，圆柱的高为 21 mm）	（4）绘制圆锥的三视图（底面圆的直径为 24 mm，圆锥的高为 27 mm）

班级　　学号　　姓名

2-5-2 基本几何体的三视图及尺寸标注

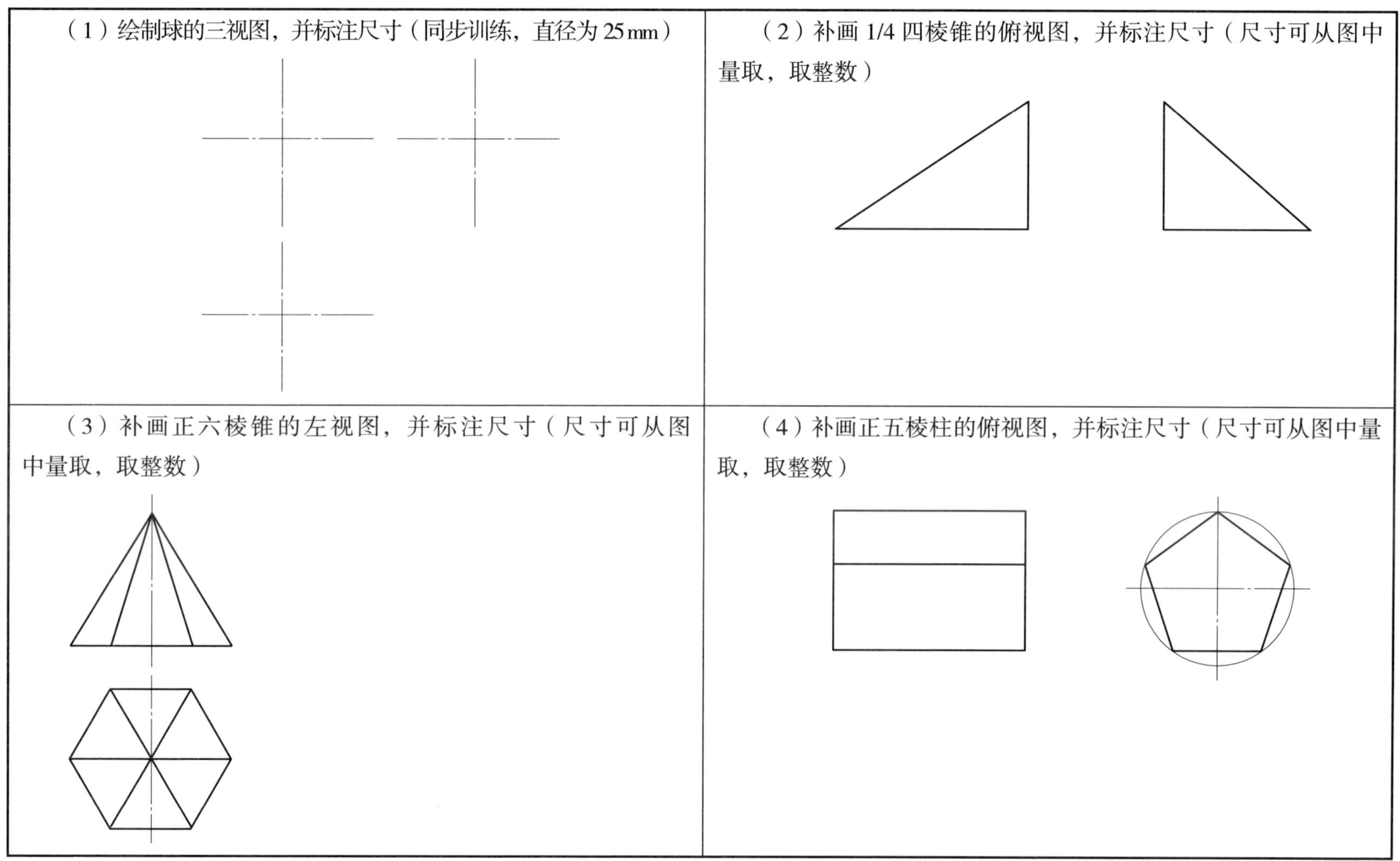

班级　　　　学号　　　　姓名

2-5-3　根据两视图补画第三视图，并标注尺寸（尺寸可从图中量取，取整数）

（1）

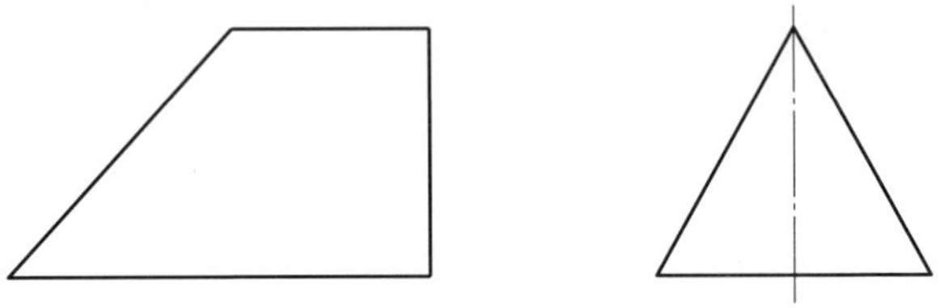

（2）

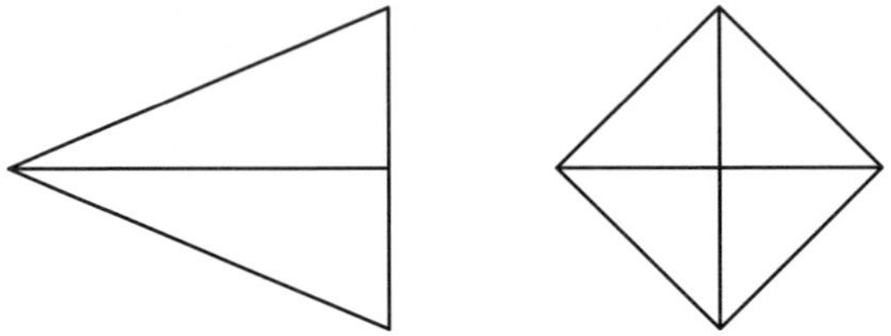

（3）

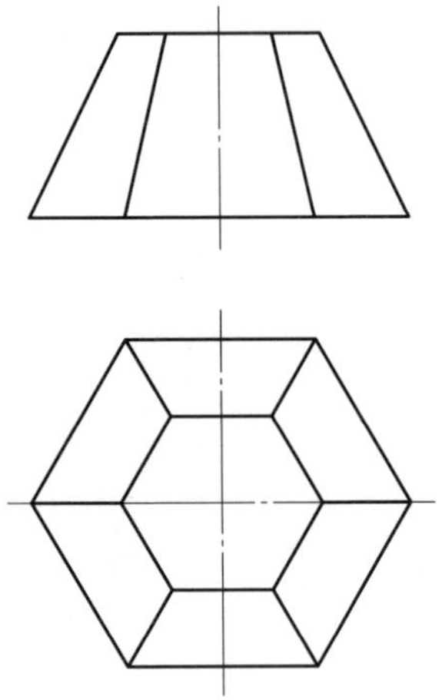

（4）

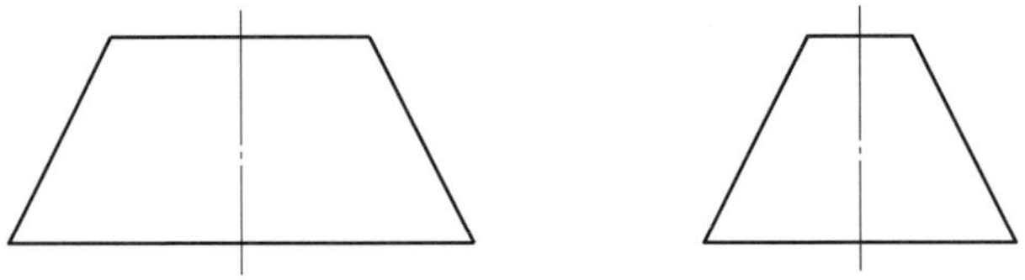

班级　　　学号　　　姓名

2-5-4 根据两视图补画第三视图，并标注尺寸（尺寸可从图中量取，取整数）

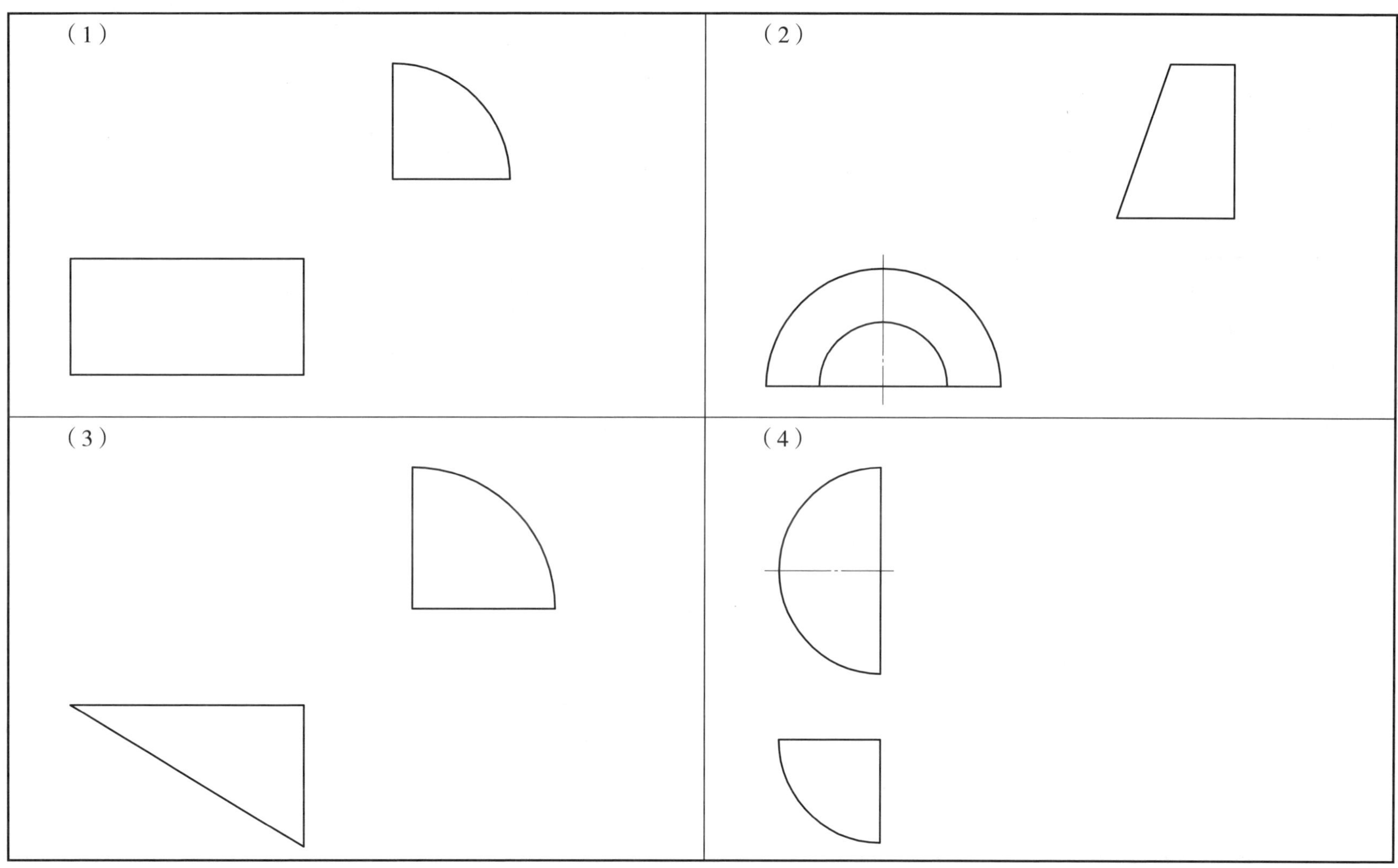

班级　　　学号　　　姓名

2-5-5 根据两视图补画第三视图，并标注尺寸（尺寸可从图中量取，取整数）

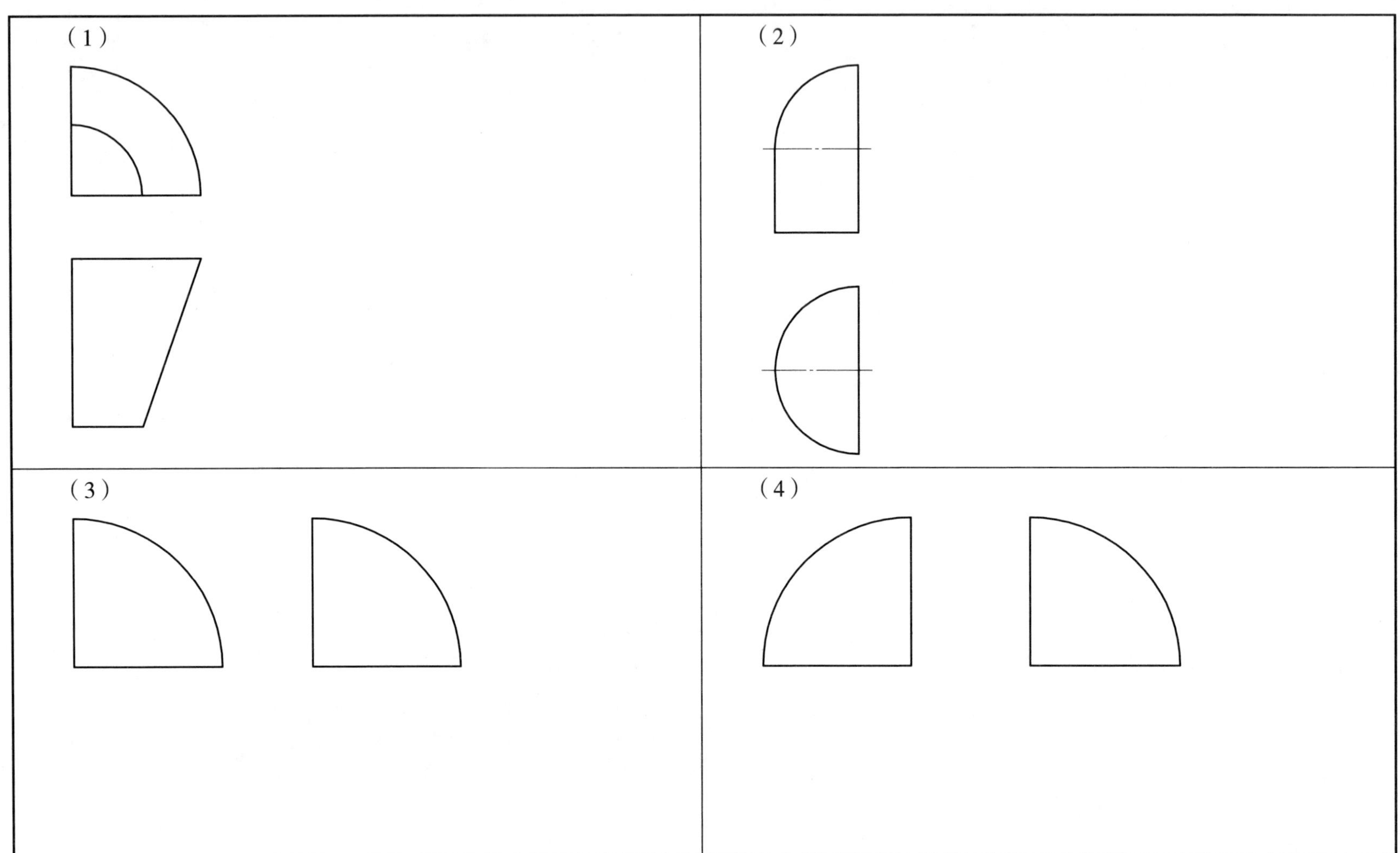

班级　　　学号　　　姓名

模块三　轴　测　图

课题一　绘制正等轴测图

3-1-1　看懂两视图，绘制正等轴测图（同步训练，尺寸可从图中量取，取整数）

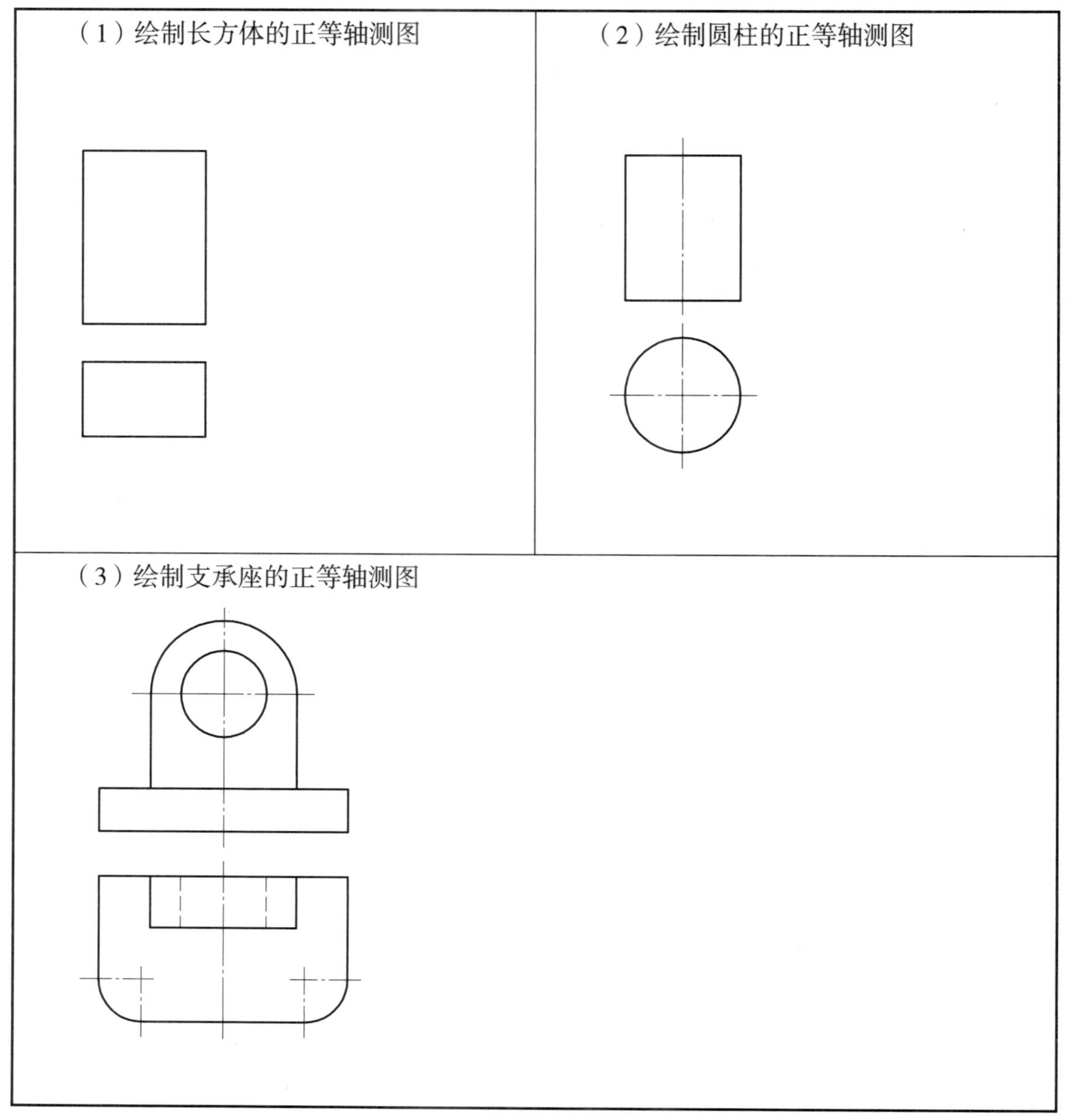

班级　　　学号　　　姓名

3-1-2 看懂两视图，绘制正等轴测图（尺寸可从图中量取，取整数）

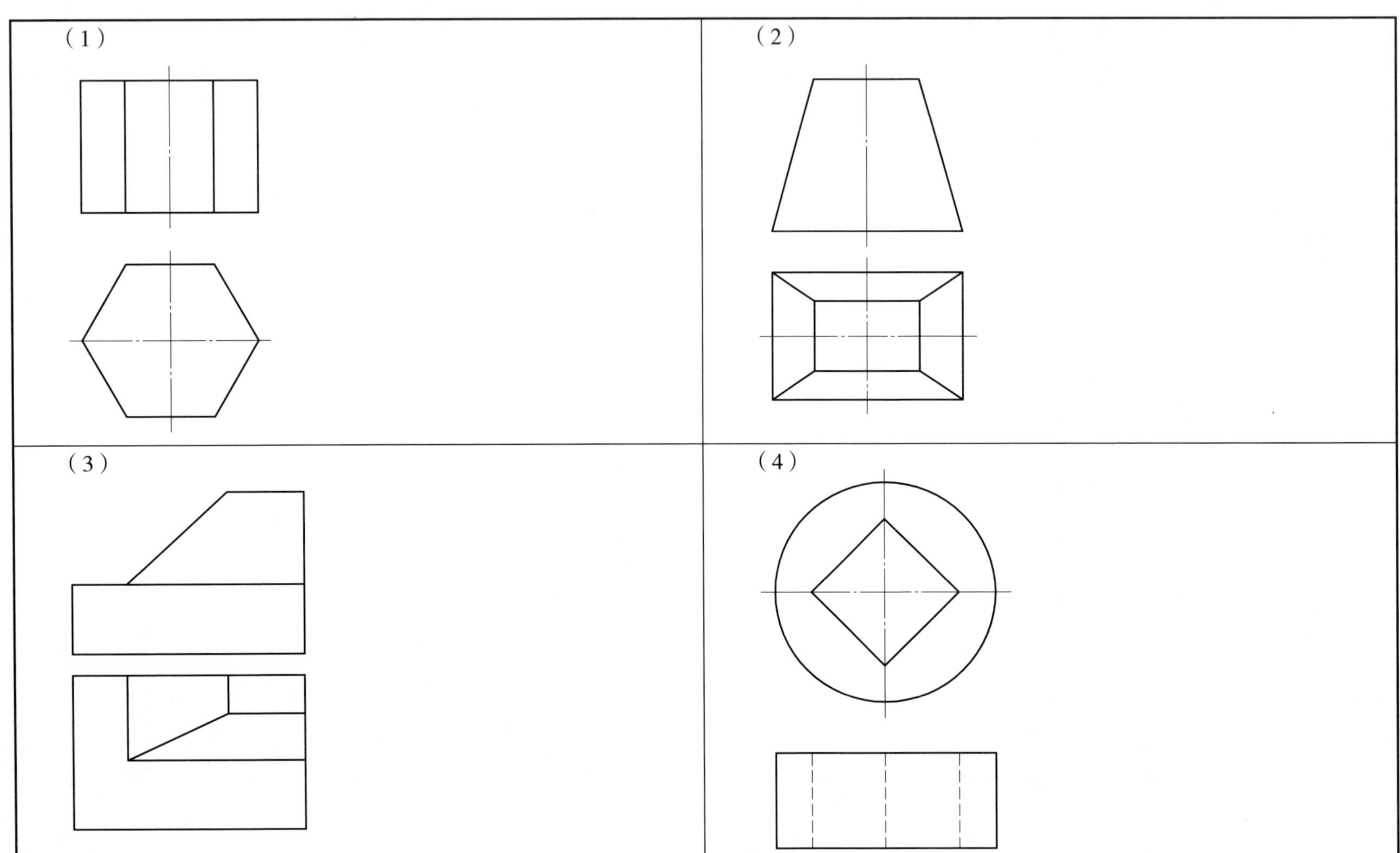

班级　　　学号　　　姓名

课题二 绘制斜二等轴测图

3-2-1 看懂两视图，绘制斜二等轴测图（尺寸可从图中量取，取整数）

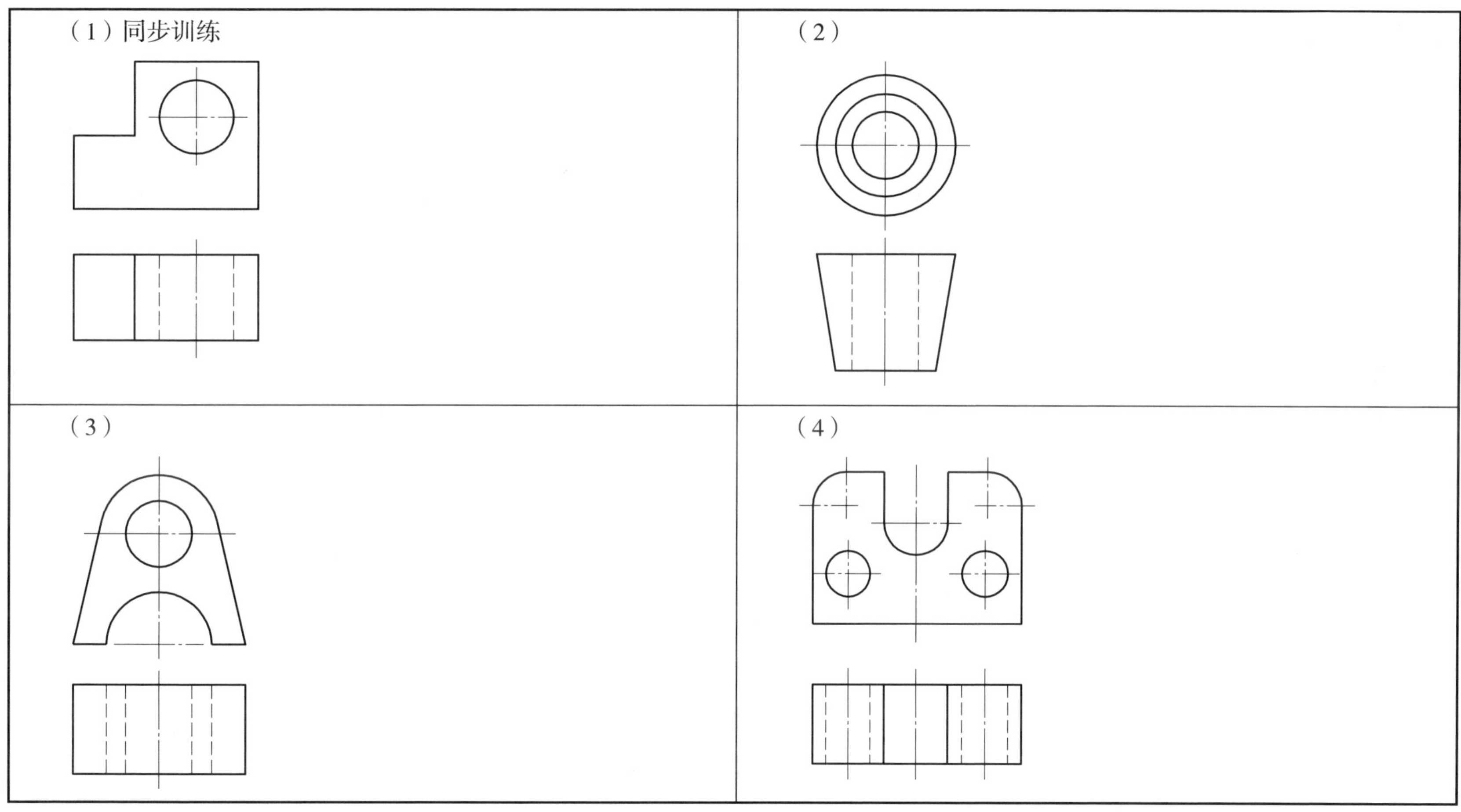

班级 学号 姓名

3-2-2 看懂两视图，绘制斜二等轴测图（尺寸可从图中量取，取整数）

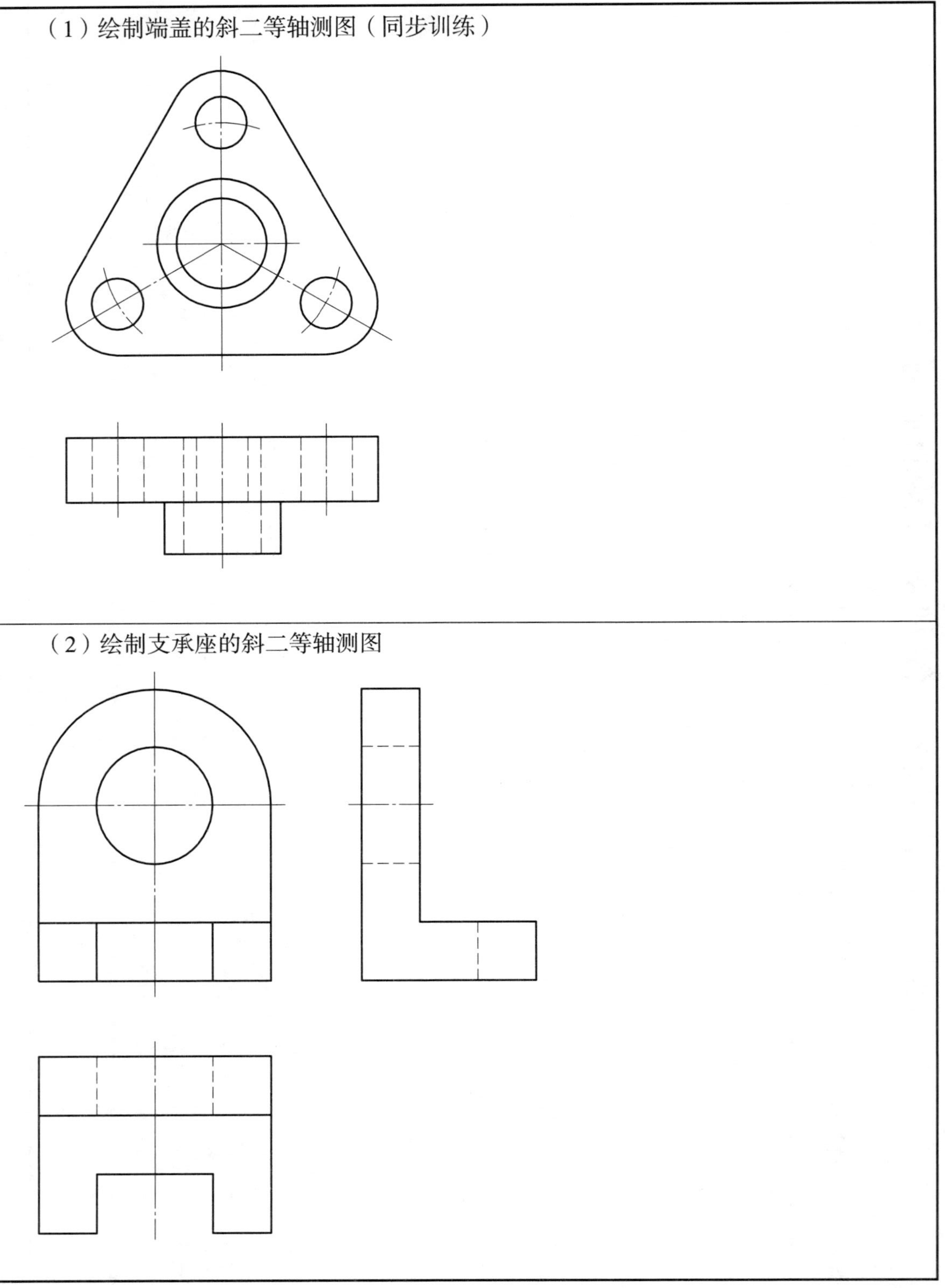

班级　　学号　　姓名

模块四　截交线与相贯线

课题一　绘制截交线

4-1-1　根据截割圆柱体的两视图补画第三视图

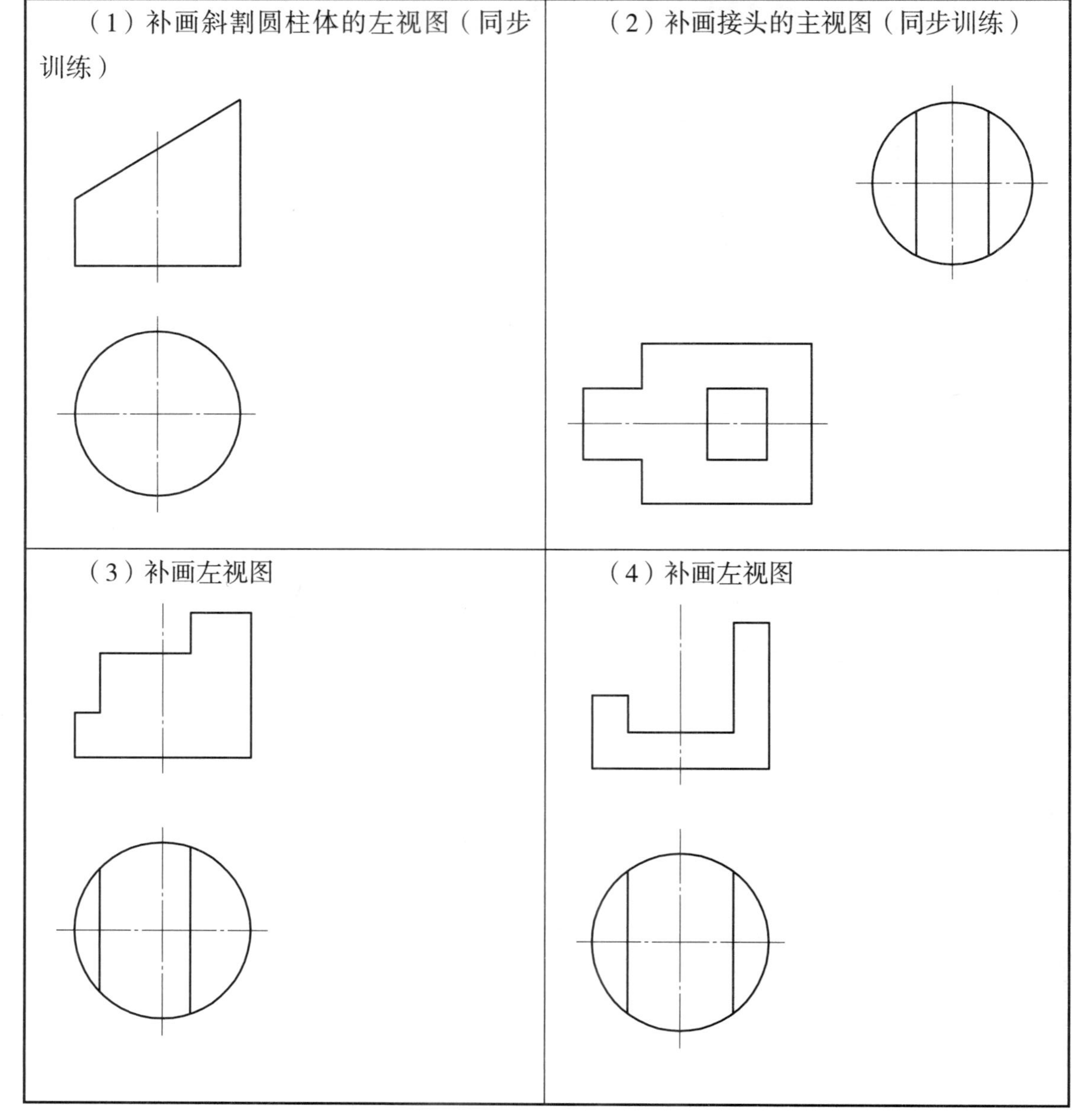

班级　　学号　　姓名

4-1-2 根据截割圆柱体的两视图补画第三视图

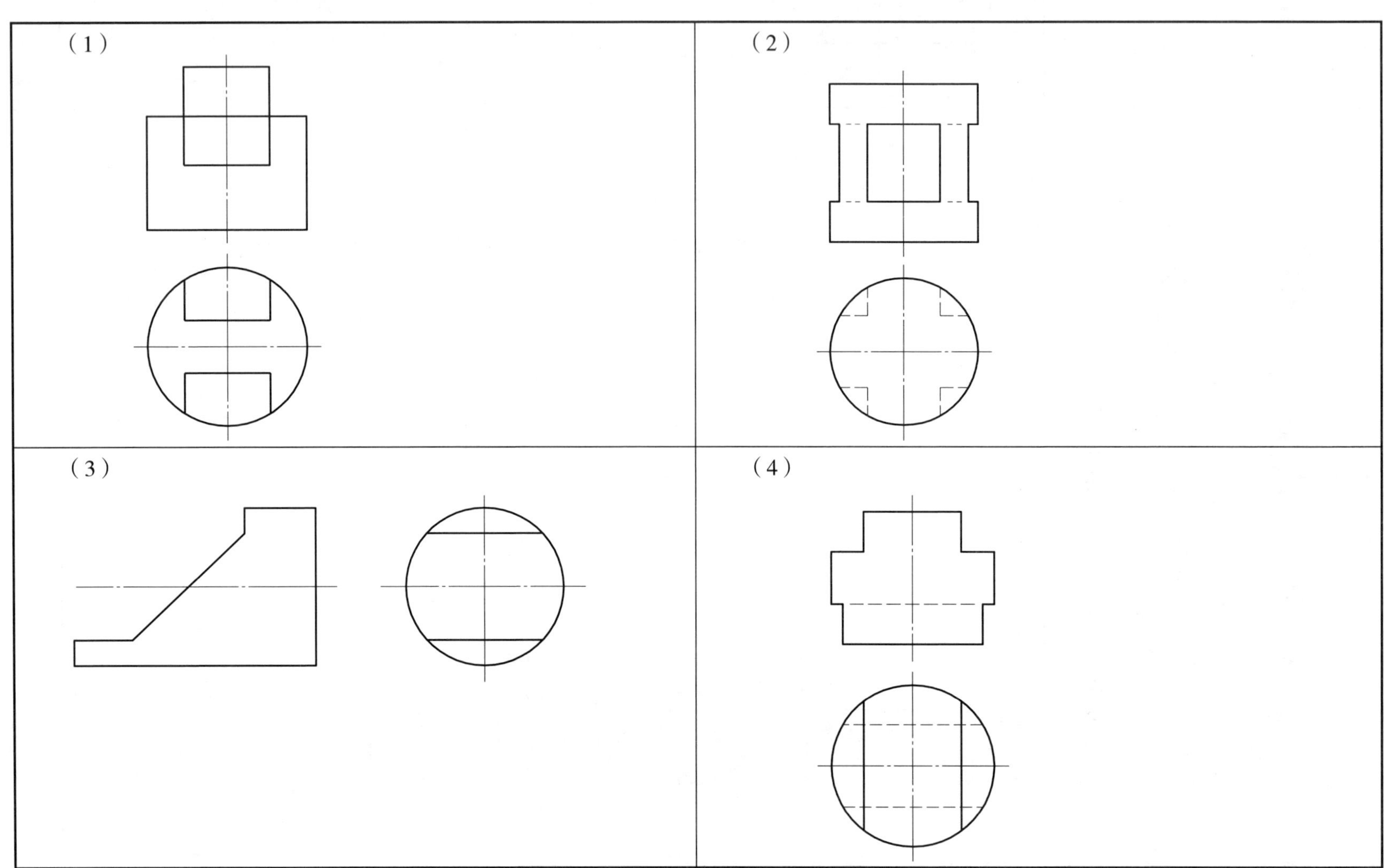

班级　　　学号　　　姓名

课题 绘制相贯线

4-2-1 补画主视图上的相贯线及漏画的其他图线（缺线）

（1）补画主视图上的相贯线（同步训练）

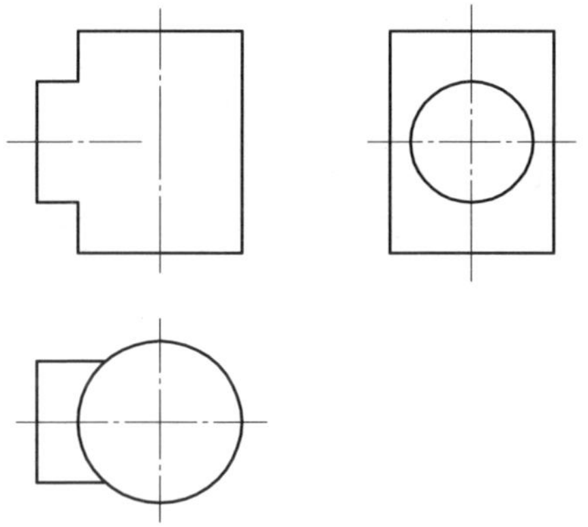

（2）补画主视图上的缺线（同步训练）

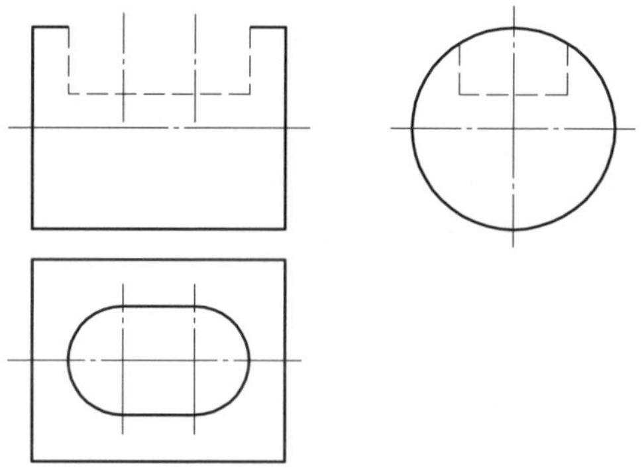

（3）补画主视图上的缺线

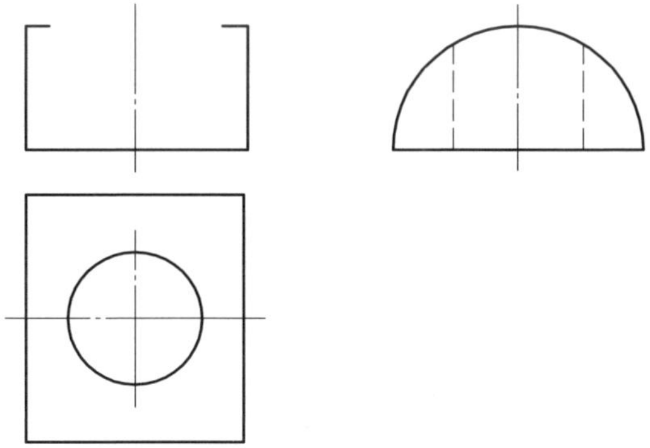

（4）补画主视图上的缺线

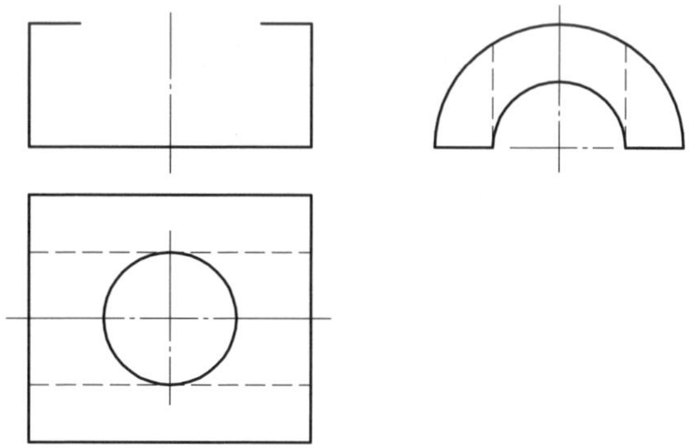

班级　　学号　　姓名

4-2-2　根据两视图补画第三视图

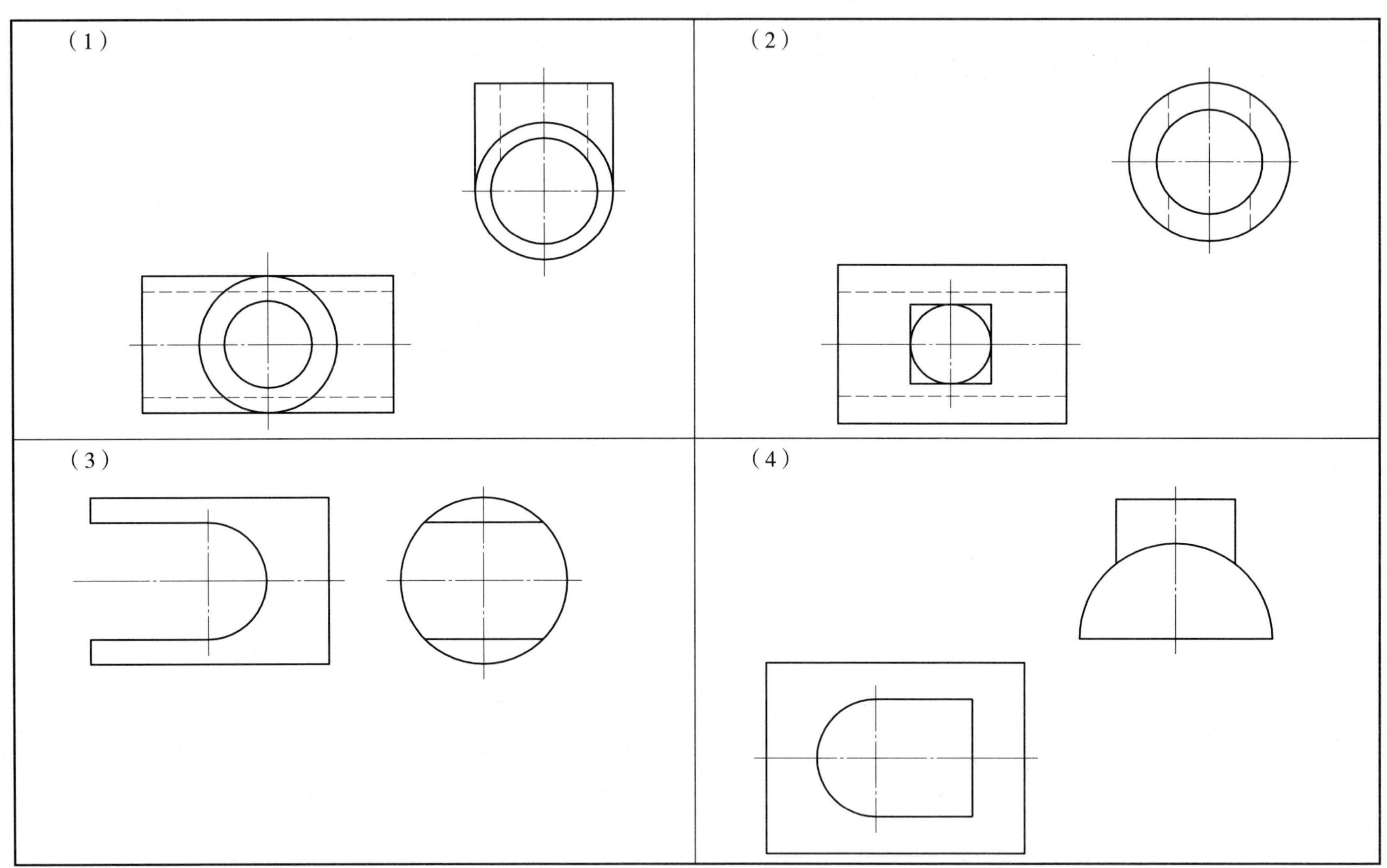

班级　　学号　　姓名

模块五　组　合　体

课题一　绘制组合体的三视图

5-1-1　根据物体的主视图和俯视图选择正确的左视图

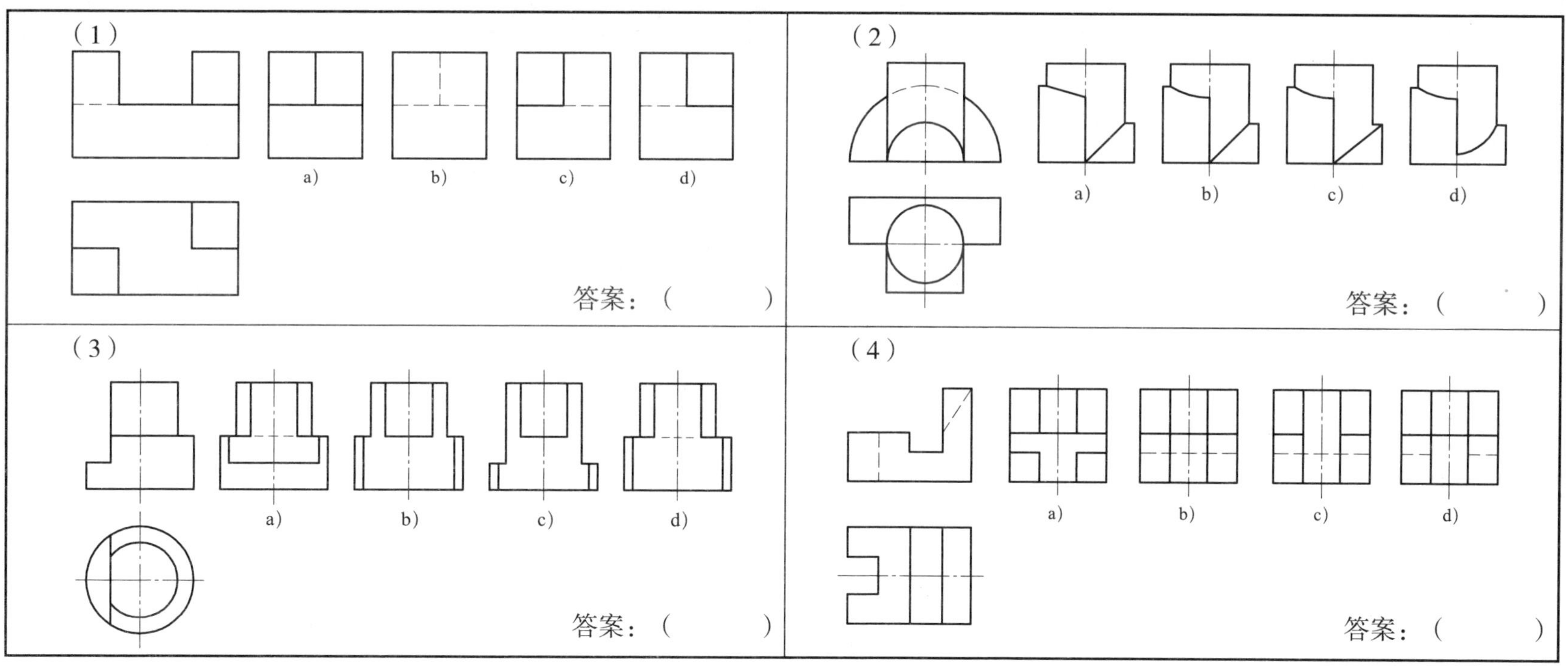

班级　　　学号　　　姓名

5-1-2 根据物体的主视图和俯视图选择正确的左视图

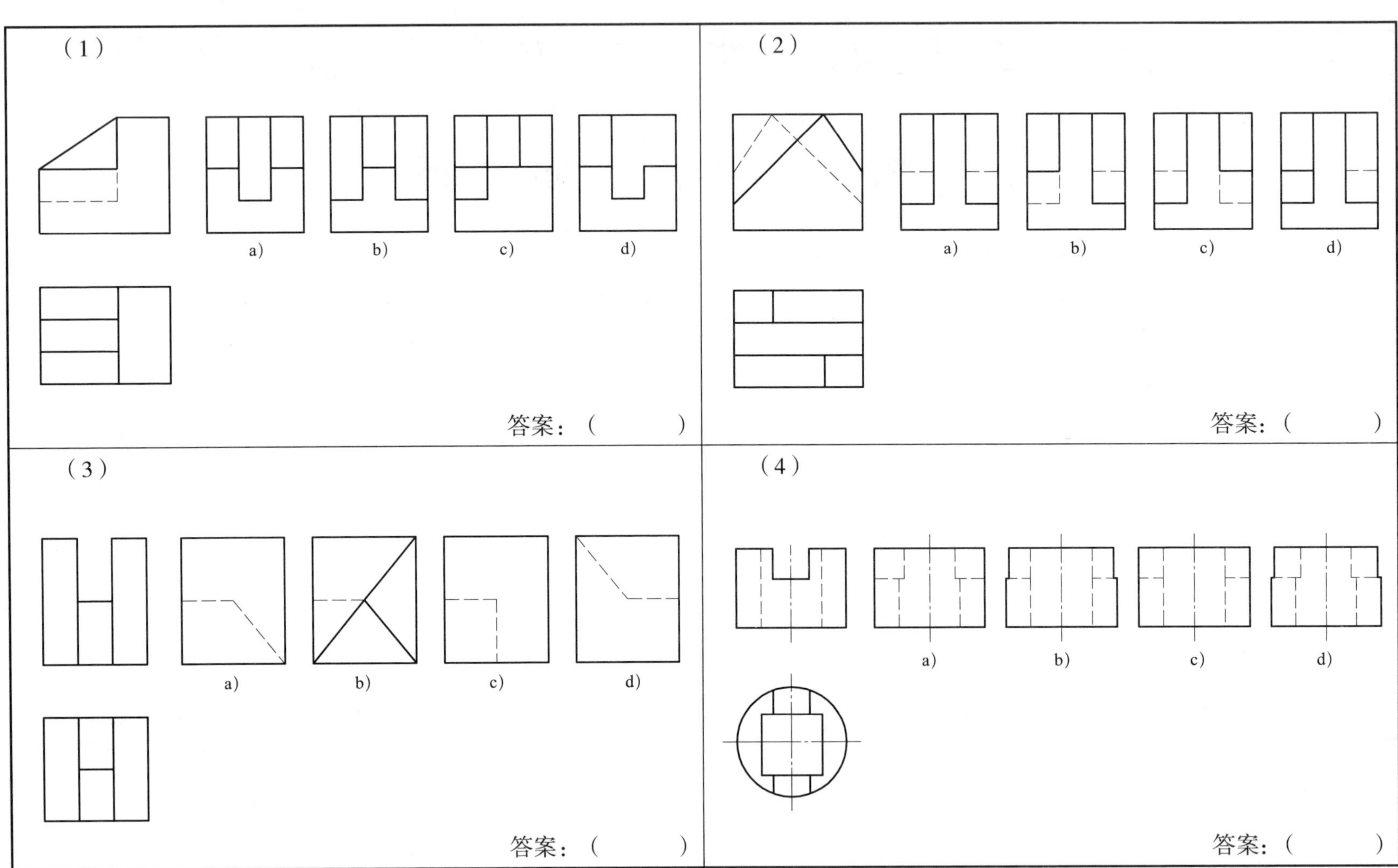

班级 学号 姓名

5-1-3 根据组合体的正等轴测图绘制三视图（同步训练，尺寸可从图中量取，取整数）

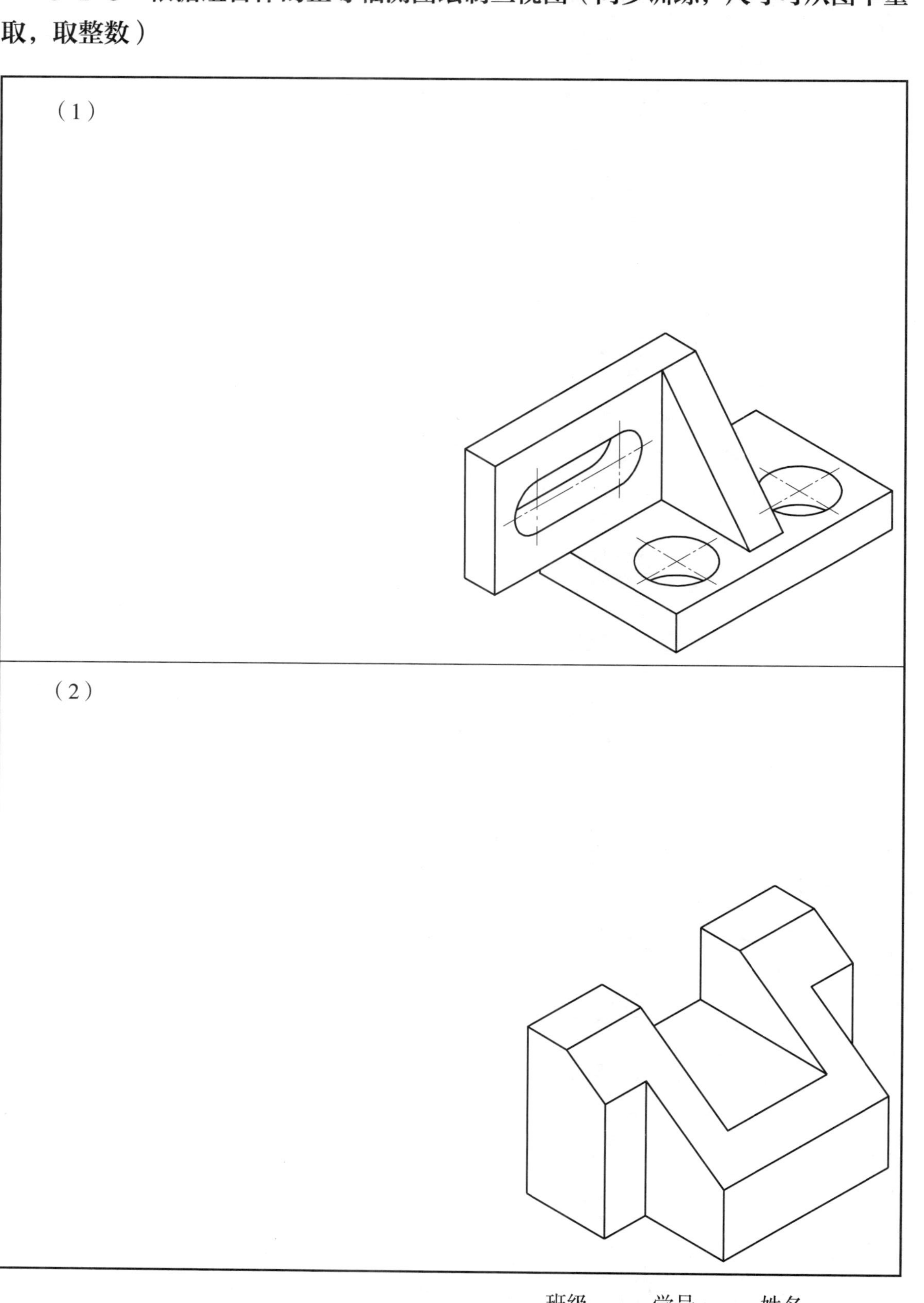

班级　　学号　　姓名

5-1-4　根据组合体的正等轴测图绘制三视图（尺寸可从图中量取，取整数）

（1）

（2）

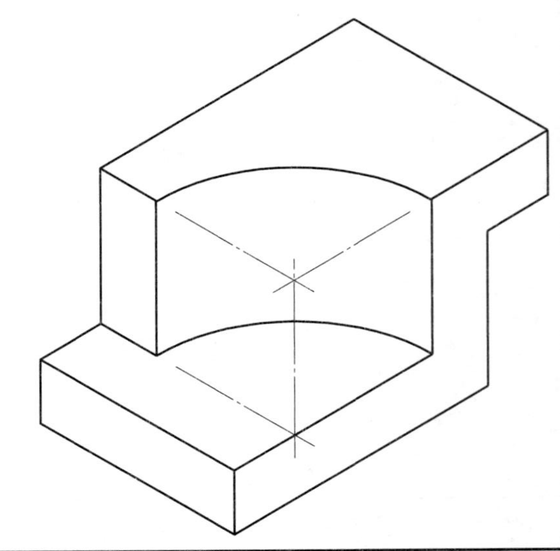

班级　　学号　　姓名

课题二 识读组合体的视图

5-2-1 根据主视图、俯视图，补画左视图

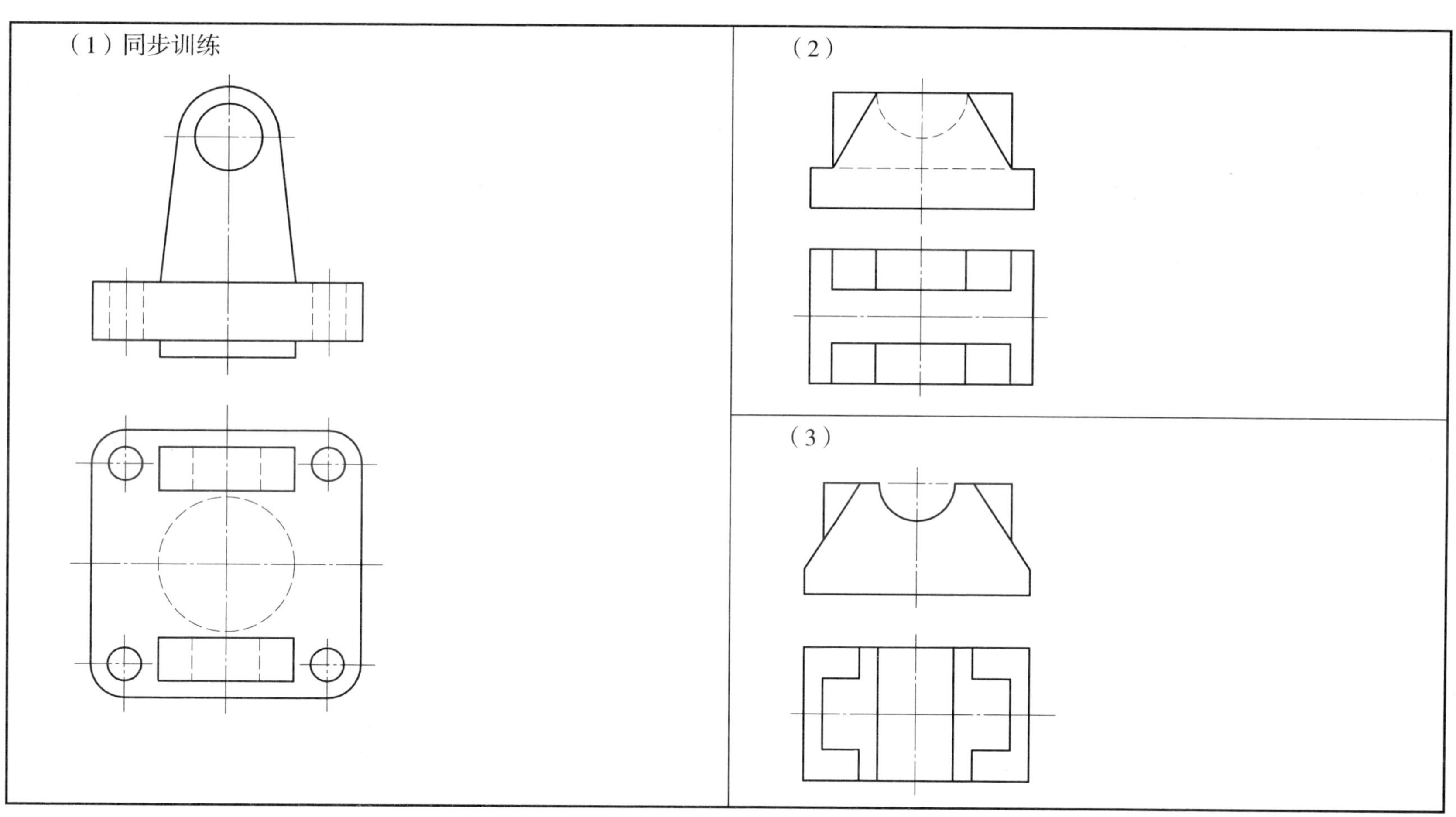

班级　　学号　　姓名

5-2-2 根据两视图补画第三视图

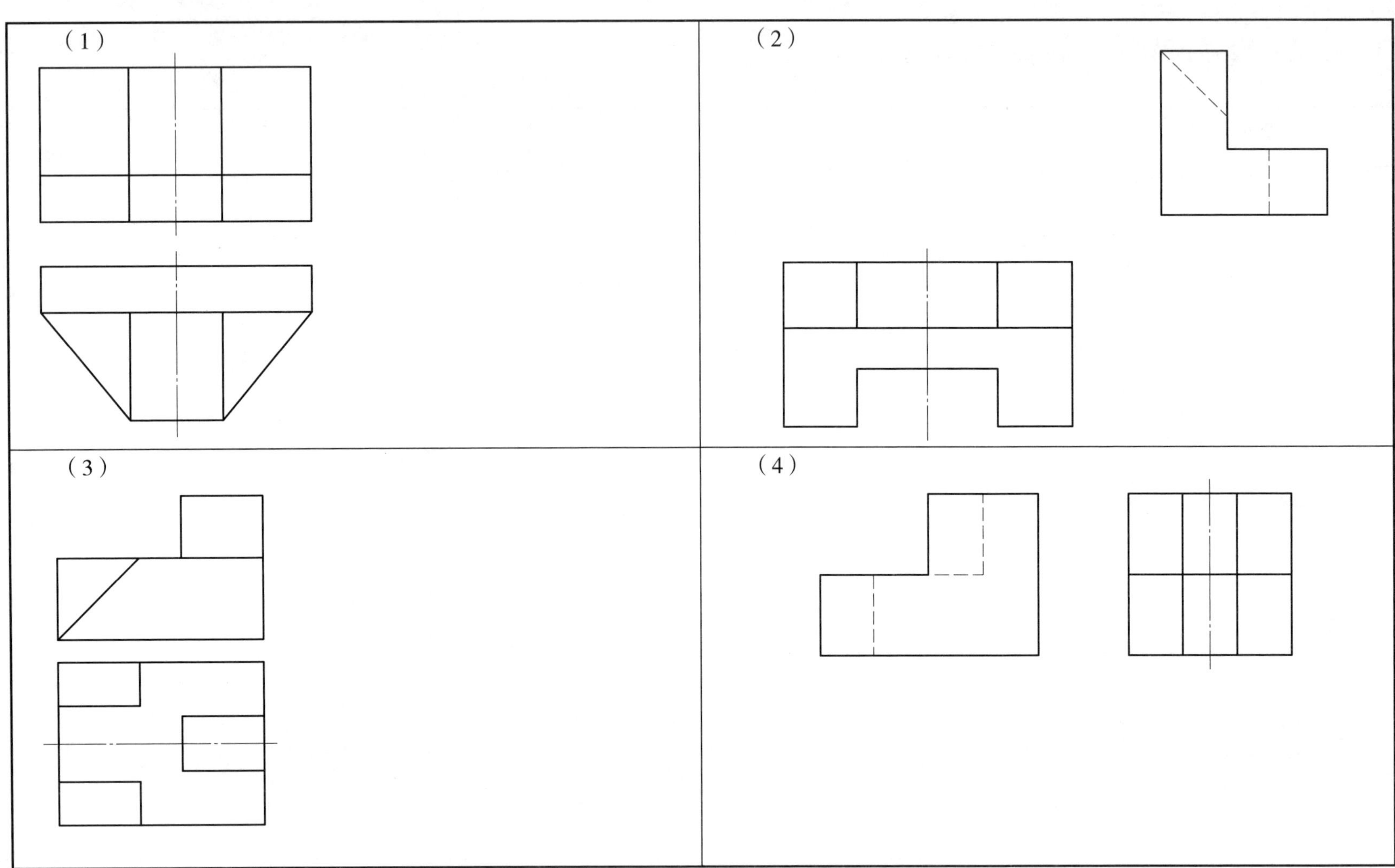

班级　　学号　　姓名

5-2-3 补画三视图上的缺线

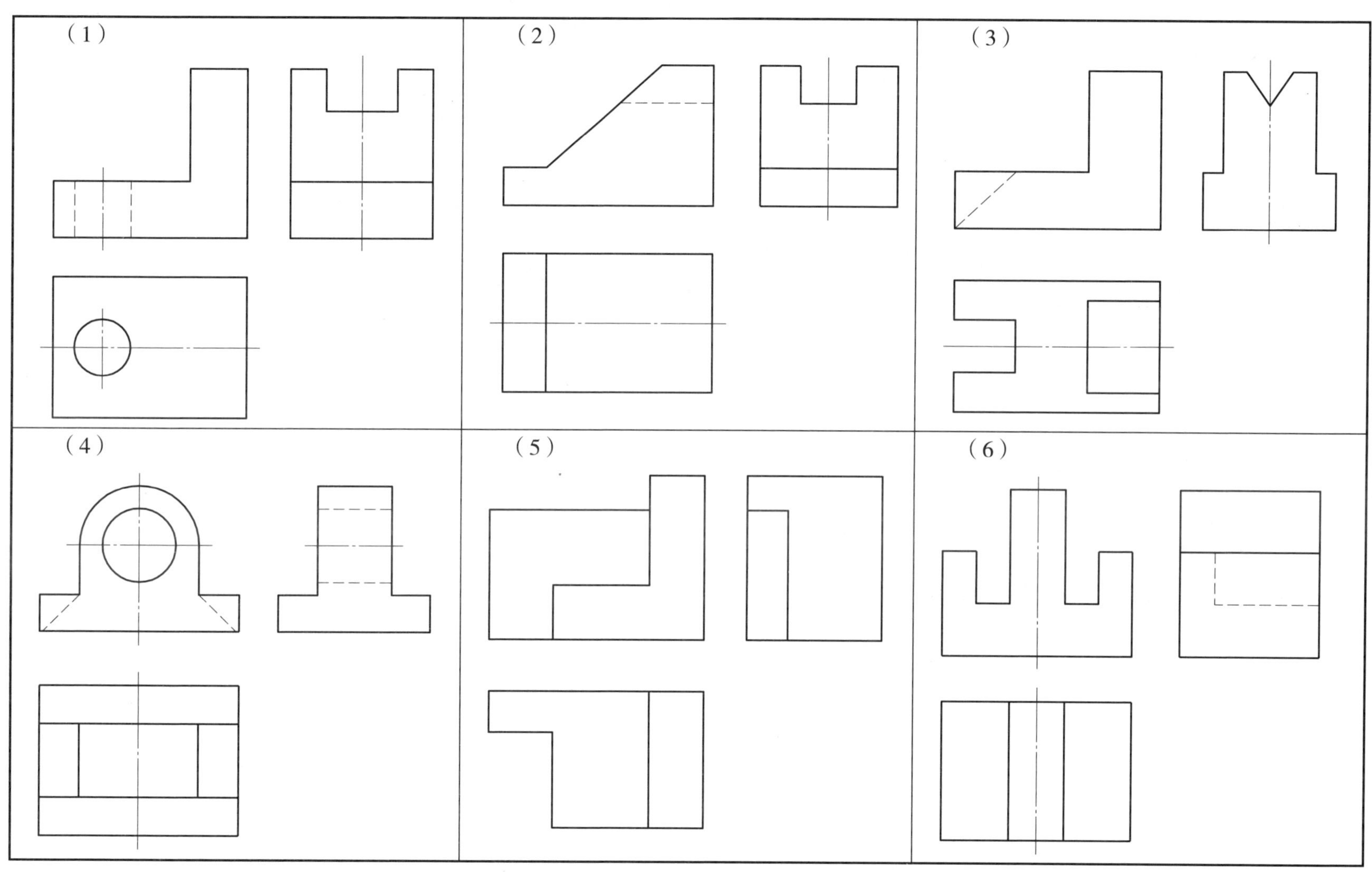

班级　　学号　　姓名

课题三　识读与标注组合体的尺寸

5-3-1　识读组合体视图上的尺寸，并填空

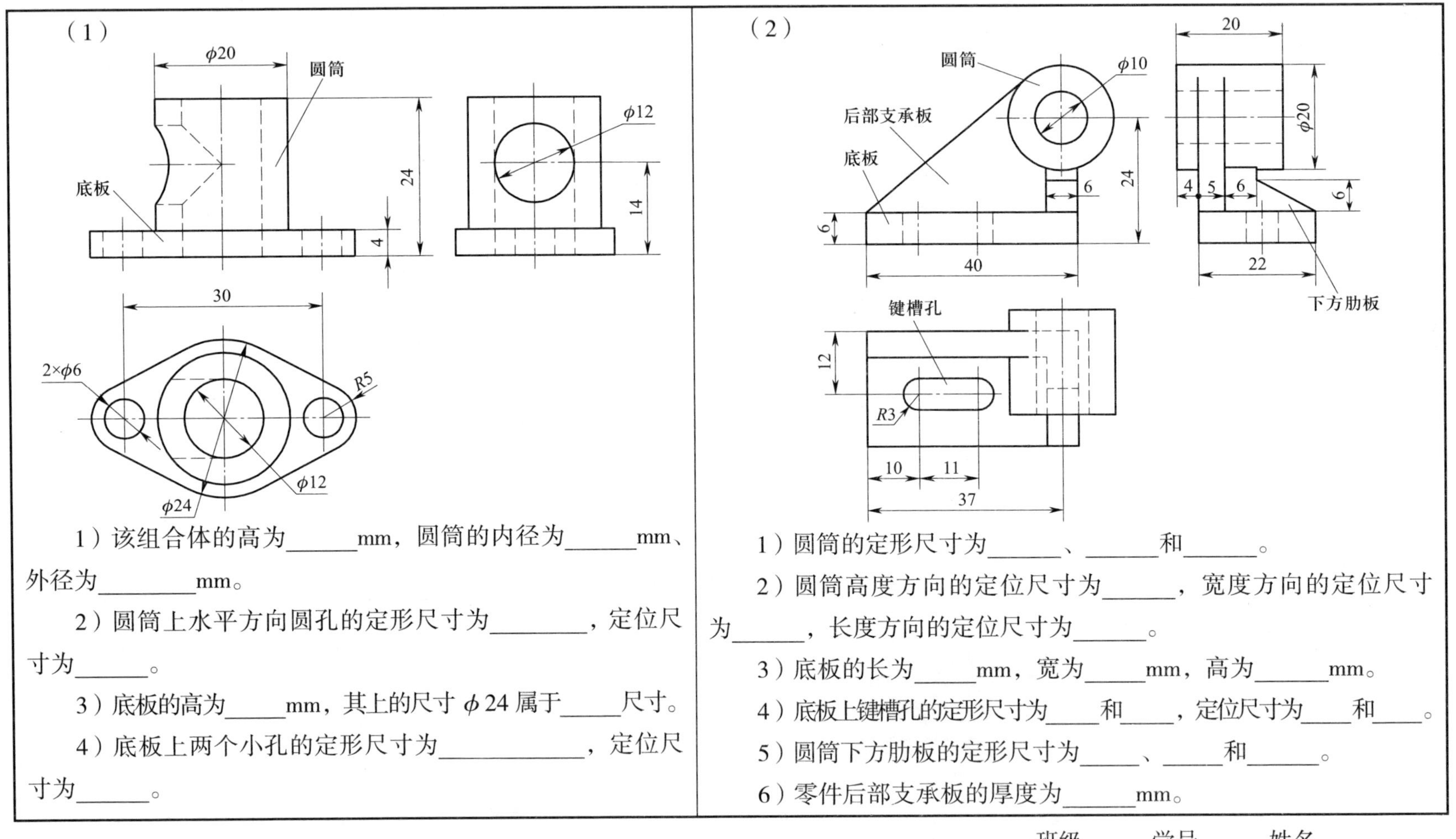

（1）

1）该组合体的高为______mm，圆筒的内径为______mm、外径为________mm。

2）圆筒上水平方向圆孔的定形尺寸为________，定位尺寸为______。

3）底板的高为_____mm，其上的尺寸 φ24 属于_____尺寸。

4）底板上两个小孔的定形尺寸为____________，定位尺寸为______。

（2）

1）圆筒的定形尺寸为______、______和______。

2）圆筒高度方向的定位尺寸为______，宽度方向的定位尺寸为______，长度方向的定位尺寸为______。

3）底板的长为_____mm，宽为_____mm，高为______mm。

4）底板上键槽孔的定形尺寸为____和____，定位尺寸为____和____。

5）圆筒下方肋板的定形尺寸为_____、_____和______。

6）零件后部支承板的厚度为______mm。

班级　　　　学号　　　　姓名

5-3-2 根据两视图补画第三视图，并标注尺寸（尺寸可从图中量取，取整数）

（1）同步训练

（2）

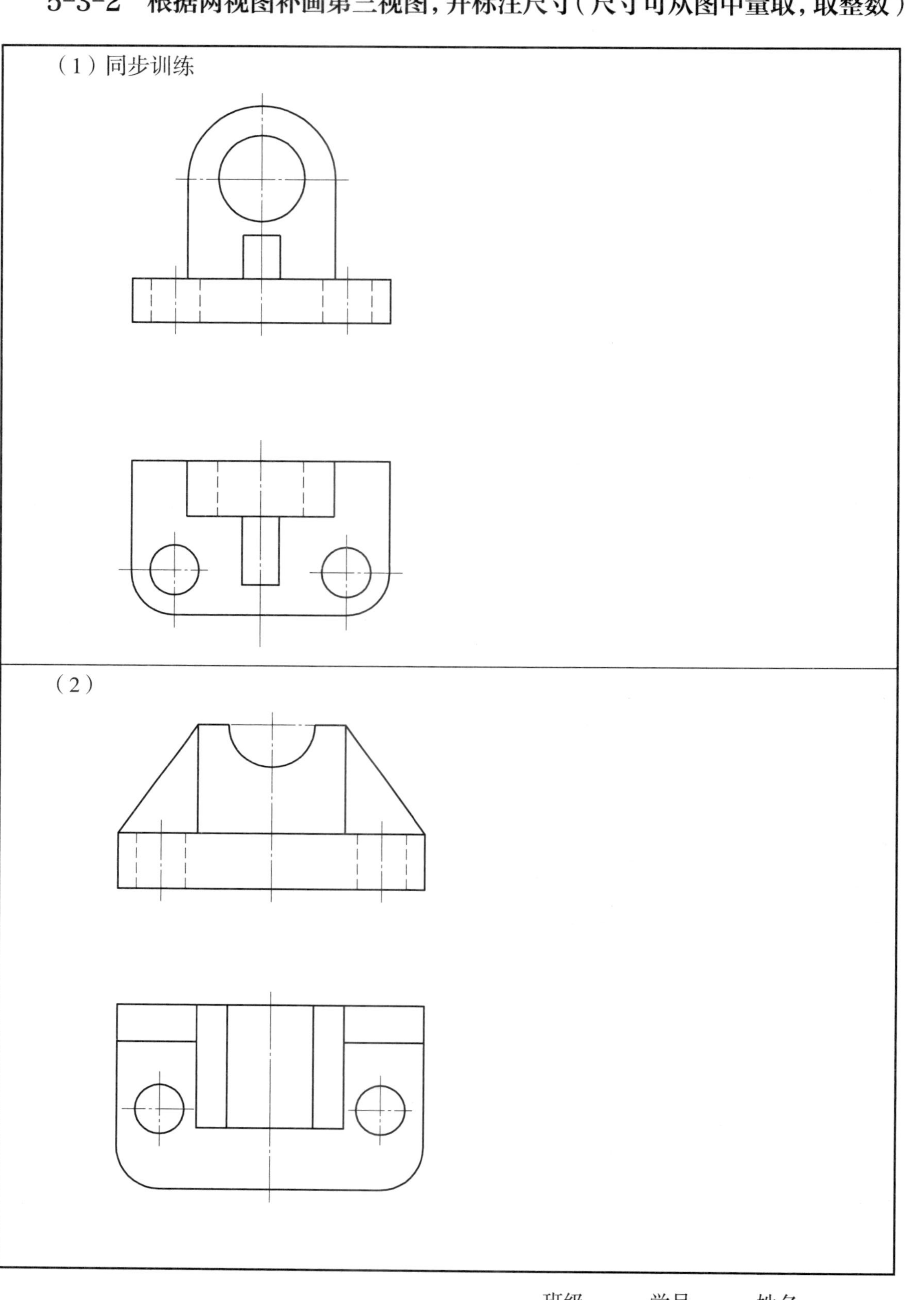

班级　　学号　　姓名

5-3-3　在视图上标注尺寸（尺寸可从图中量取，取整数）

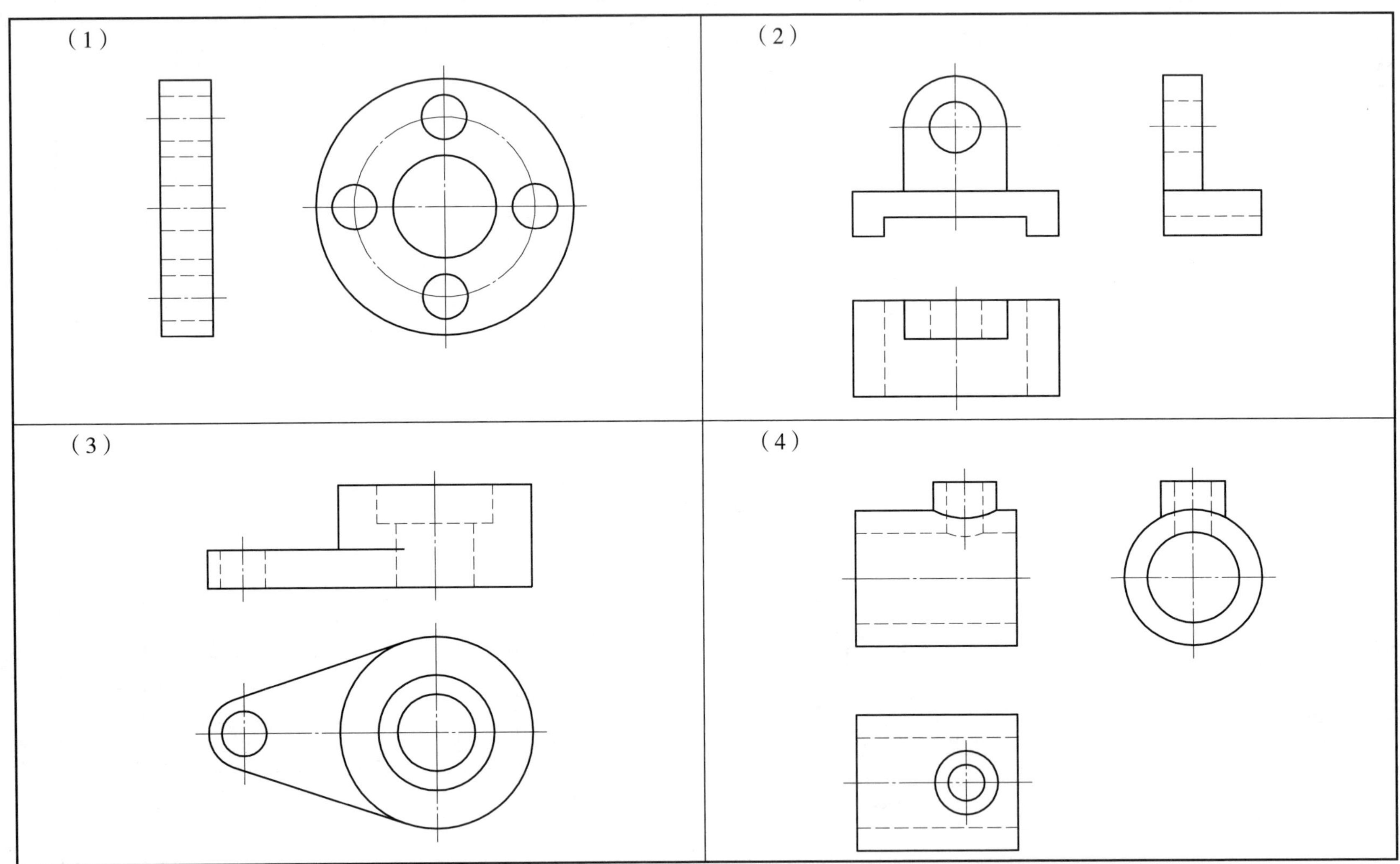

班级　　　学号　　　姓名

模块六 图样画法

课题一 绘制视图

6-1-1 根据主视图、俯视图、左视图，补画右视图、后视图和仰视图

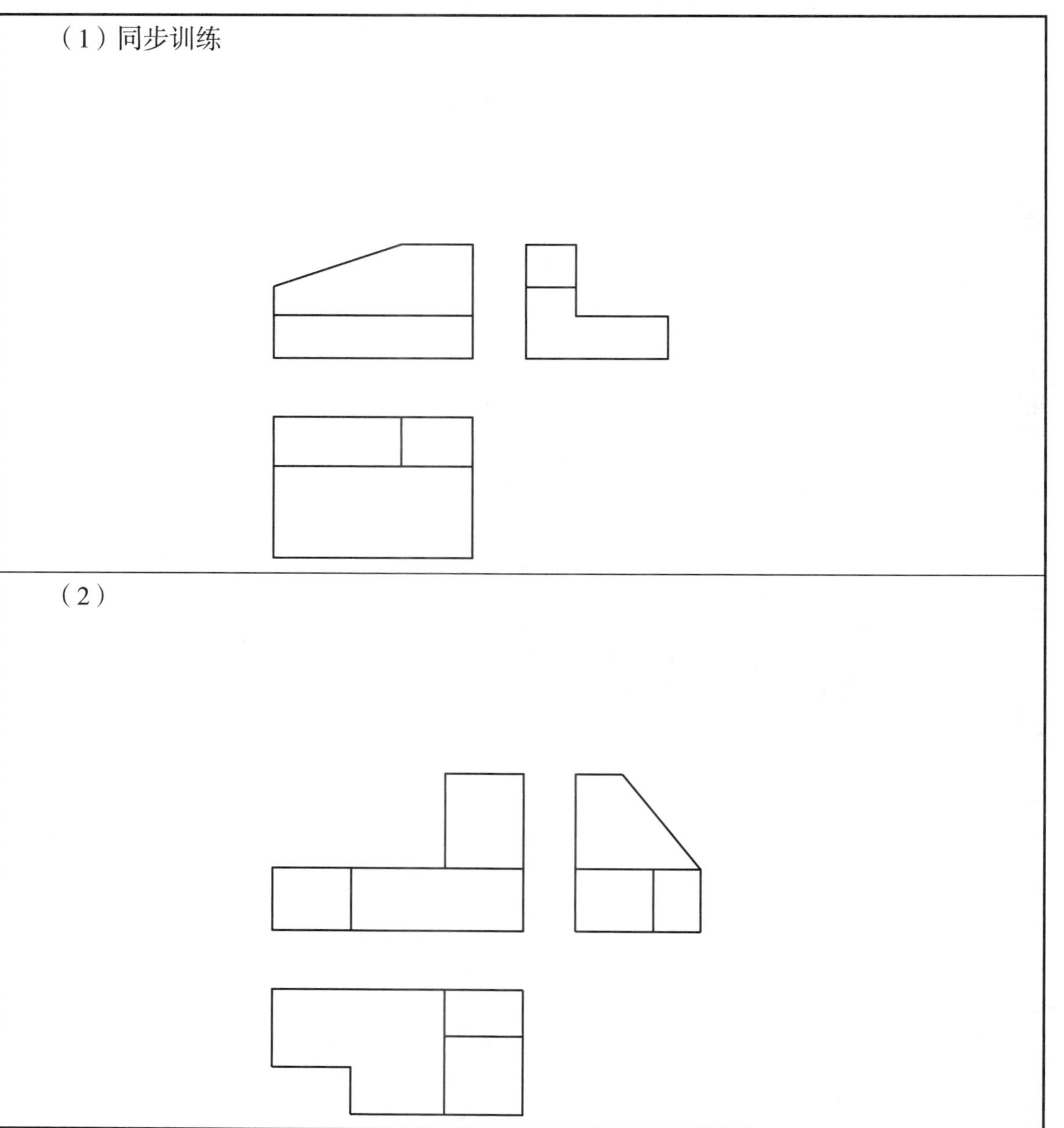

班级　　学号　　姓名

6-1-2 根据已知视图，按要求绘制其他基本视图（细虚线可省略不画）

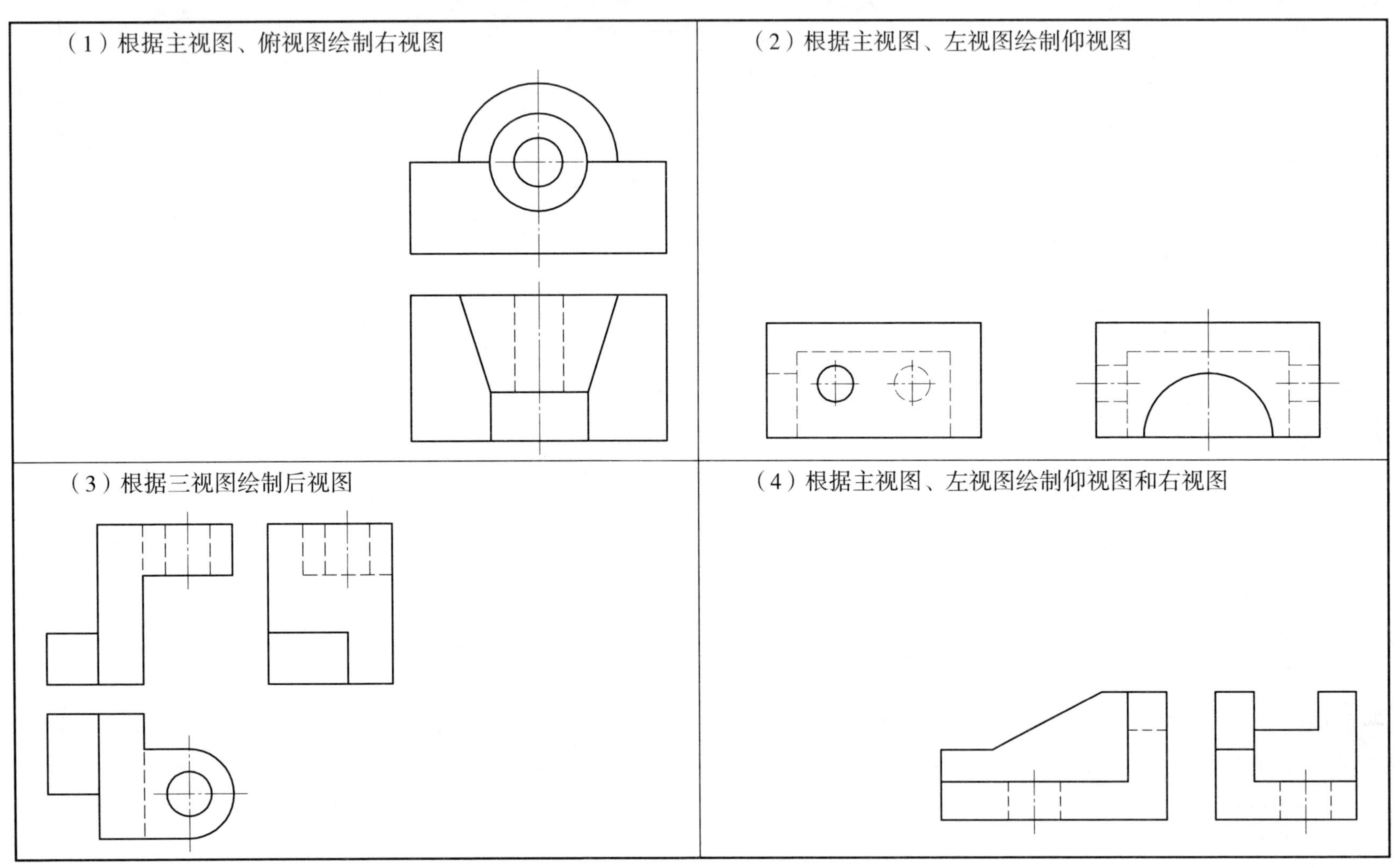

班级　　学号　　姓名

6-1-3 根据三视图绘制向视图（细虚线可省略不画）

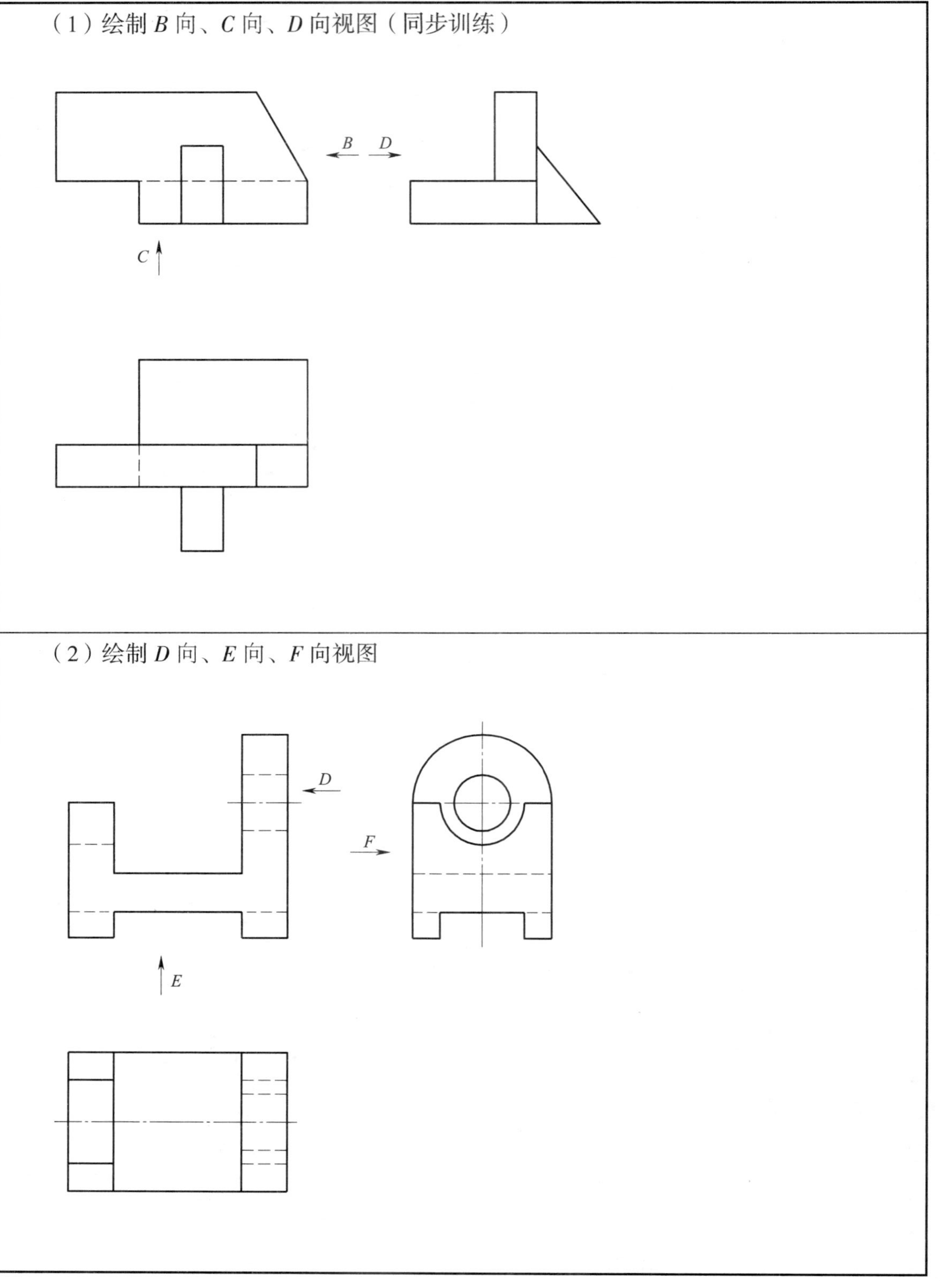

班级　　学号　　姓名

6-1-4　根据主视图、俯视图绘制局部视图和斜视图（同步训练）

（1）绘制 A 向和 B 向局部视图，并进行标注

（2）参照上侧图形，在下侧绘制俯视方向的局部视图和 A 向、B 向斜视图，并进行标注

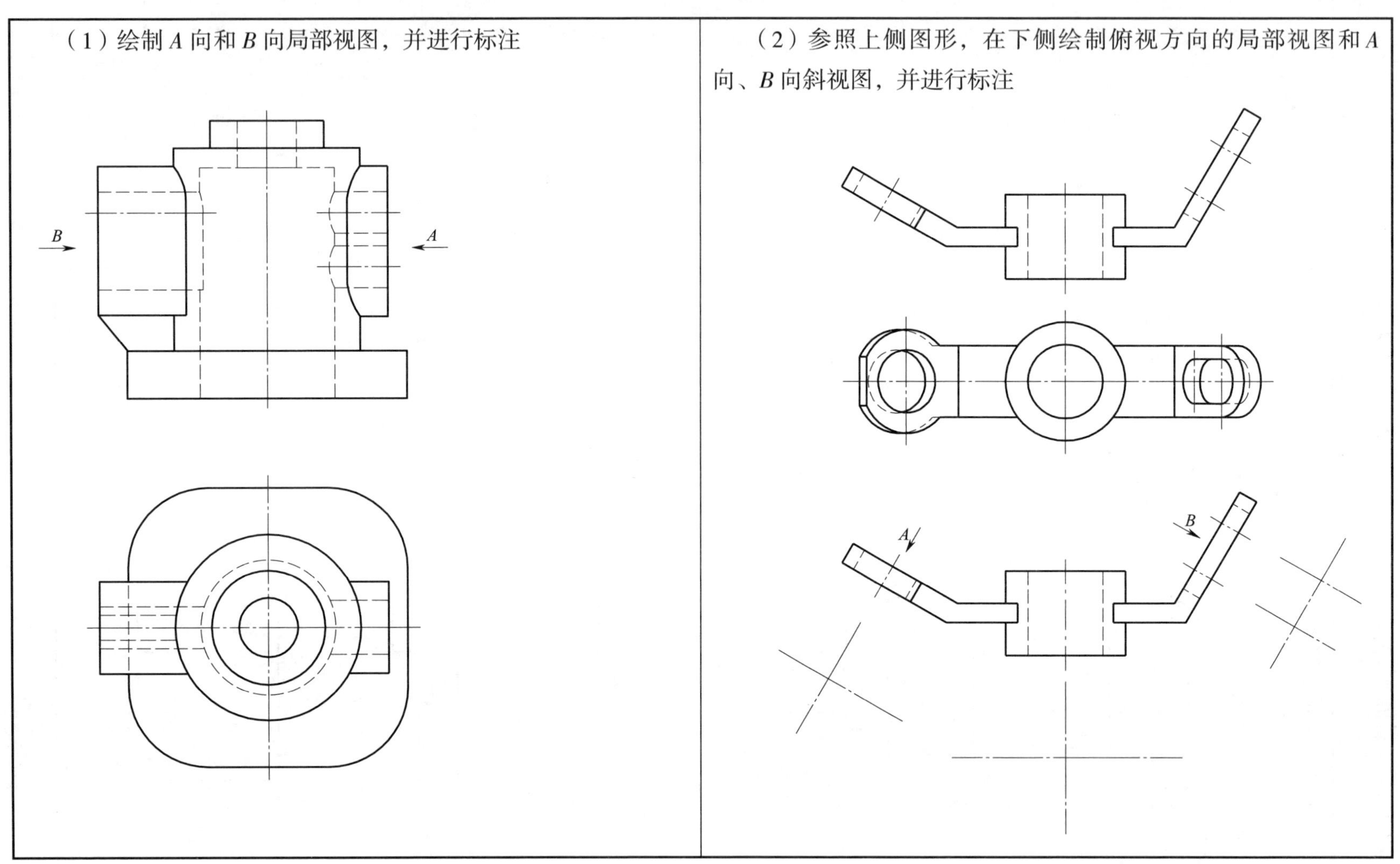

班级　　　学号　　　姓名

6-1-5 绘制局部视图和斜视图（斜视图旋转摆正绘制）

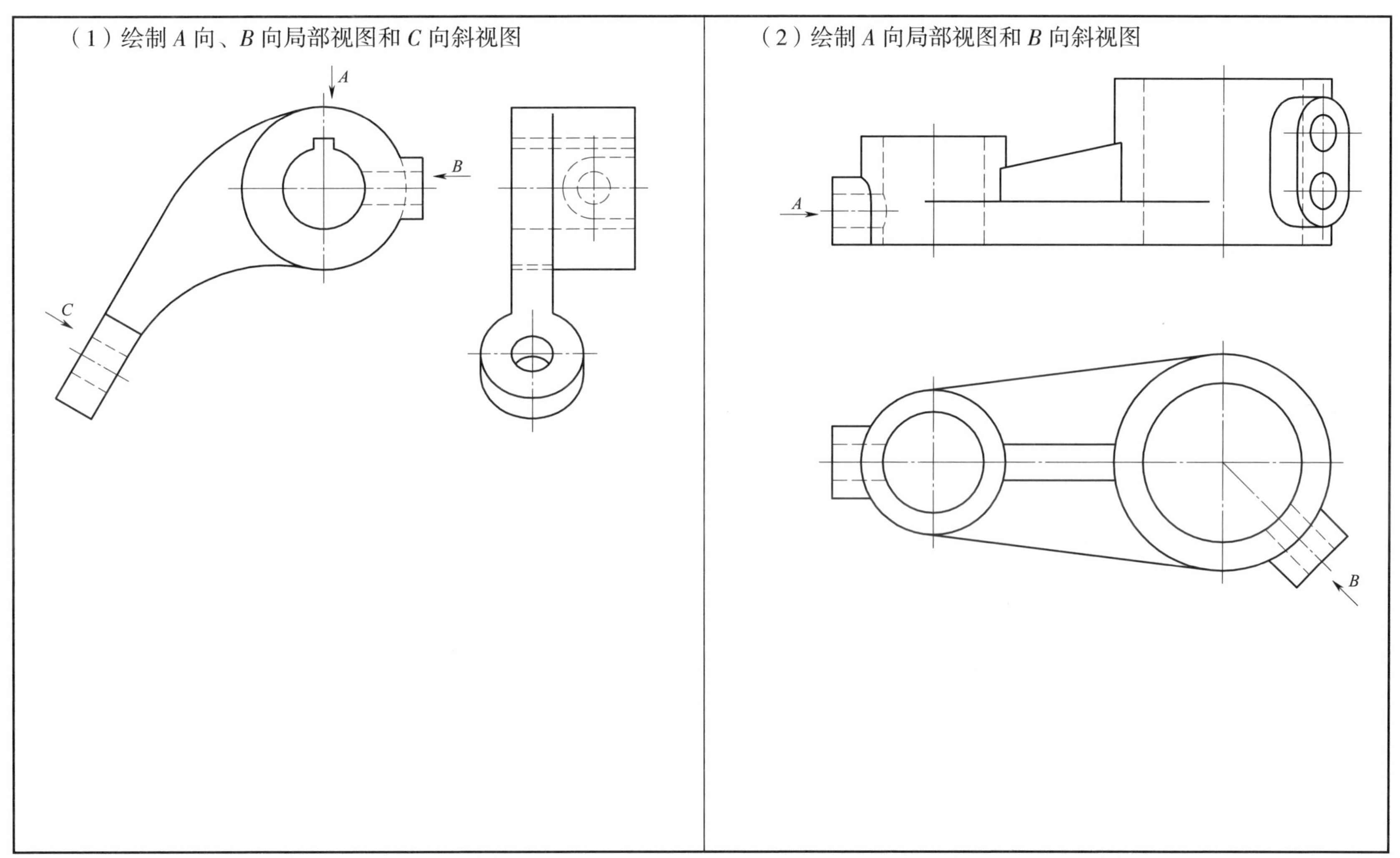

班级　　　　学号　　　　姓名

课题　绘制剖视图

6-2-1　绘制全剖视图

（1）将主视图改画为全剖视图（同步训练）

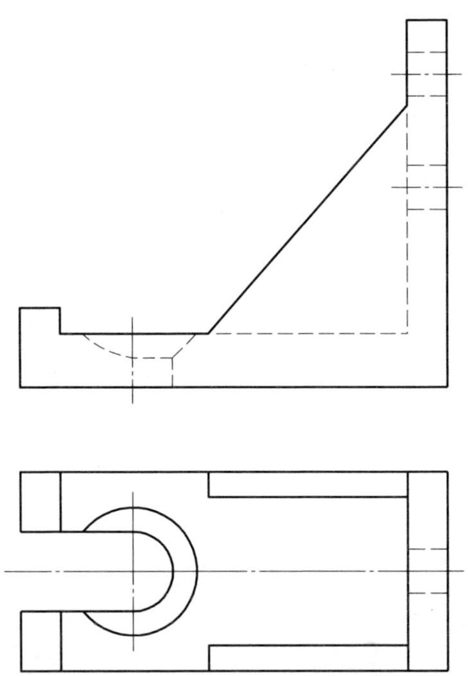

（2）绘制全剖的主视图

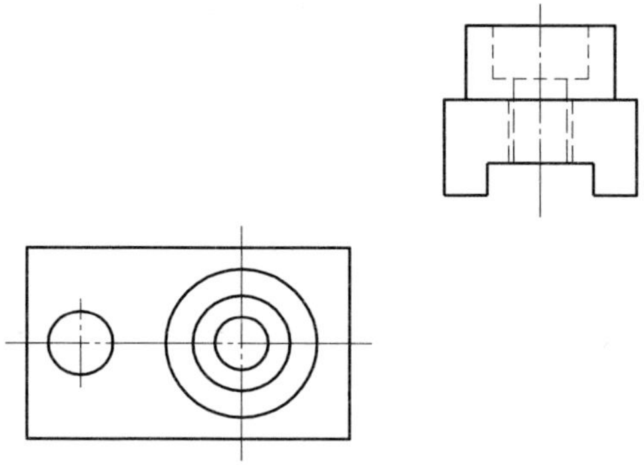

（3）绘制全剖的主视图

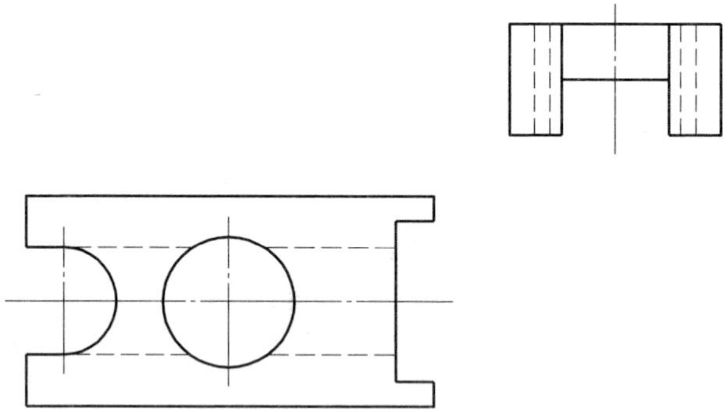

班级　　　学号　　　姓名

6-2-2 将主视图改画为全剖视图

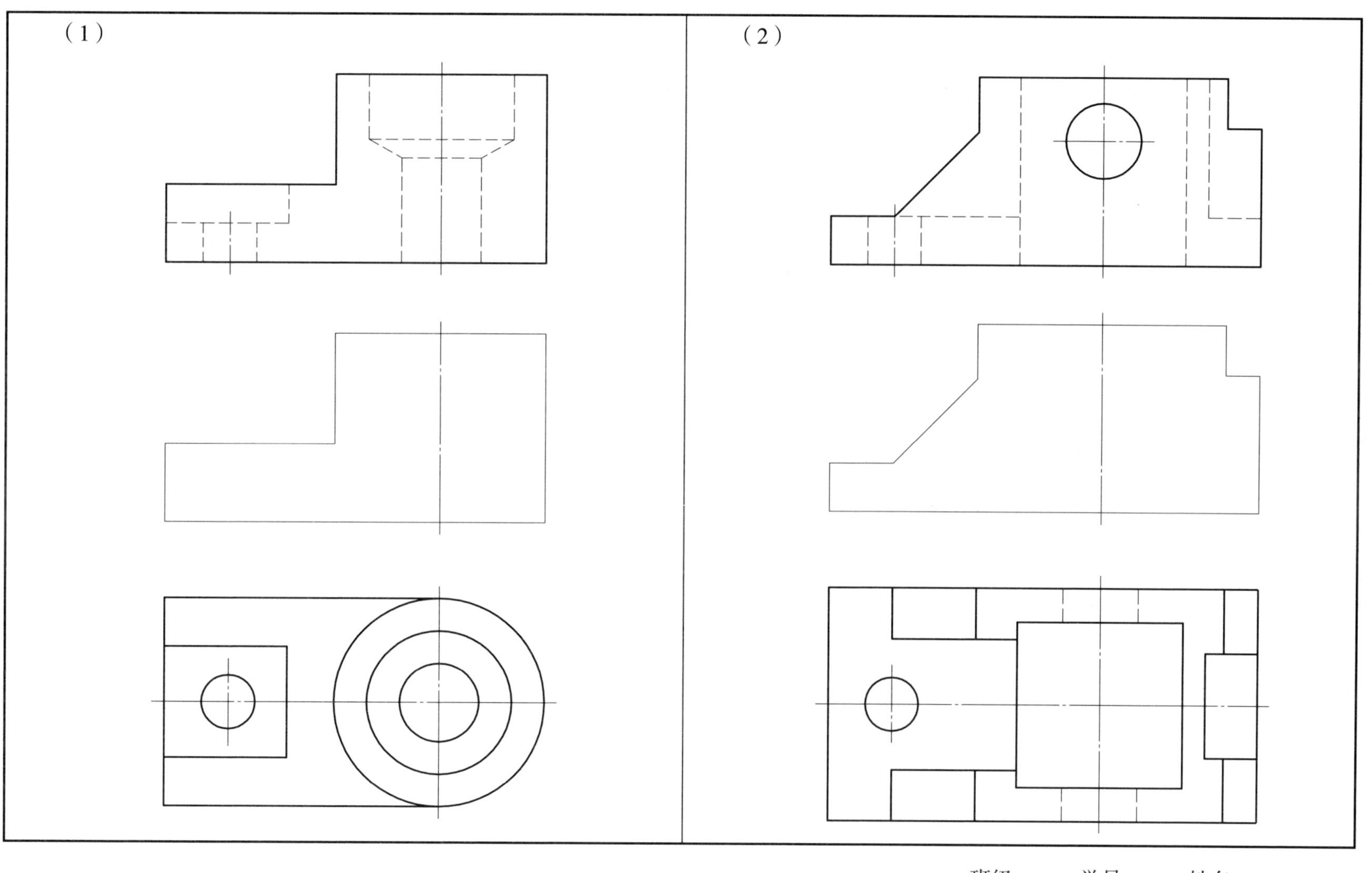

班级　　　学号　　　姓名

6-2-3 绘制剖视图（同步训练）

（1）将主视图、俯视图改画为半剖视图，并进行标注

（2）将主视图、俯视图改画为局部剖视图

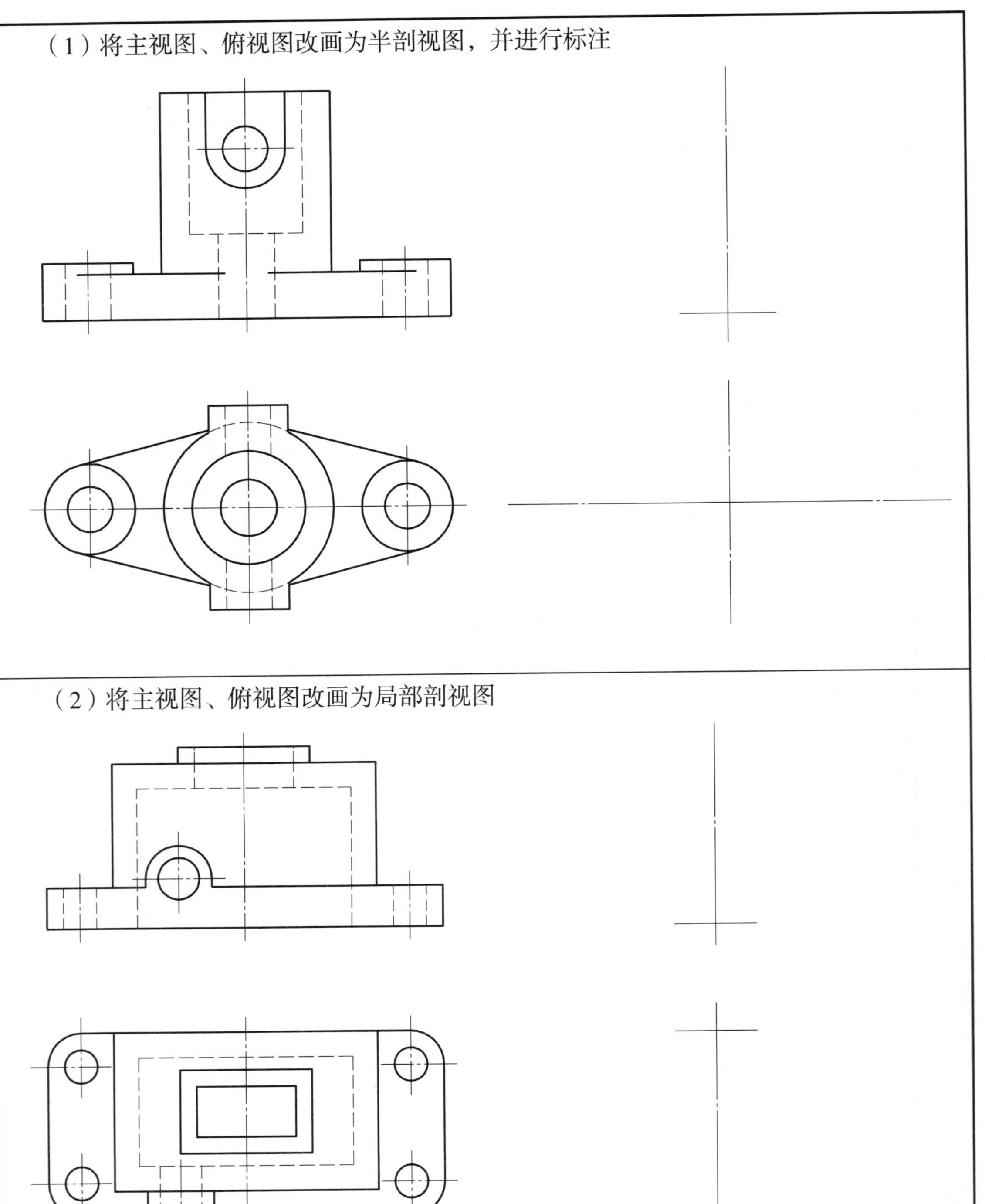

班级　　学号　　姓名

6-2-4 将主视图改画为半剖视图

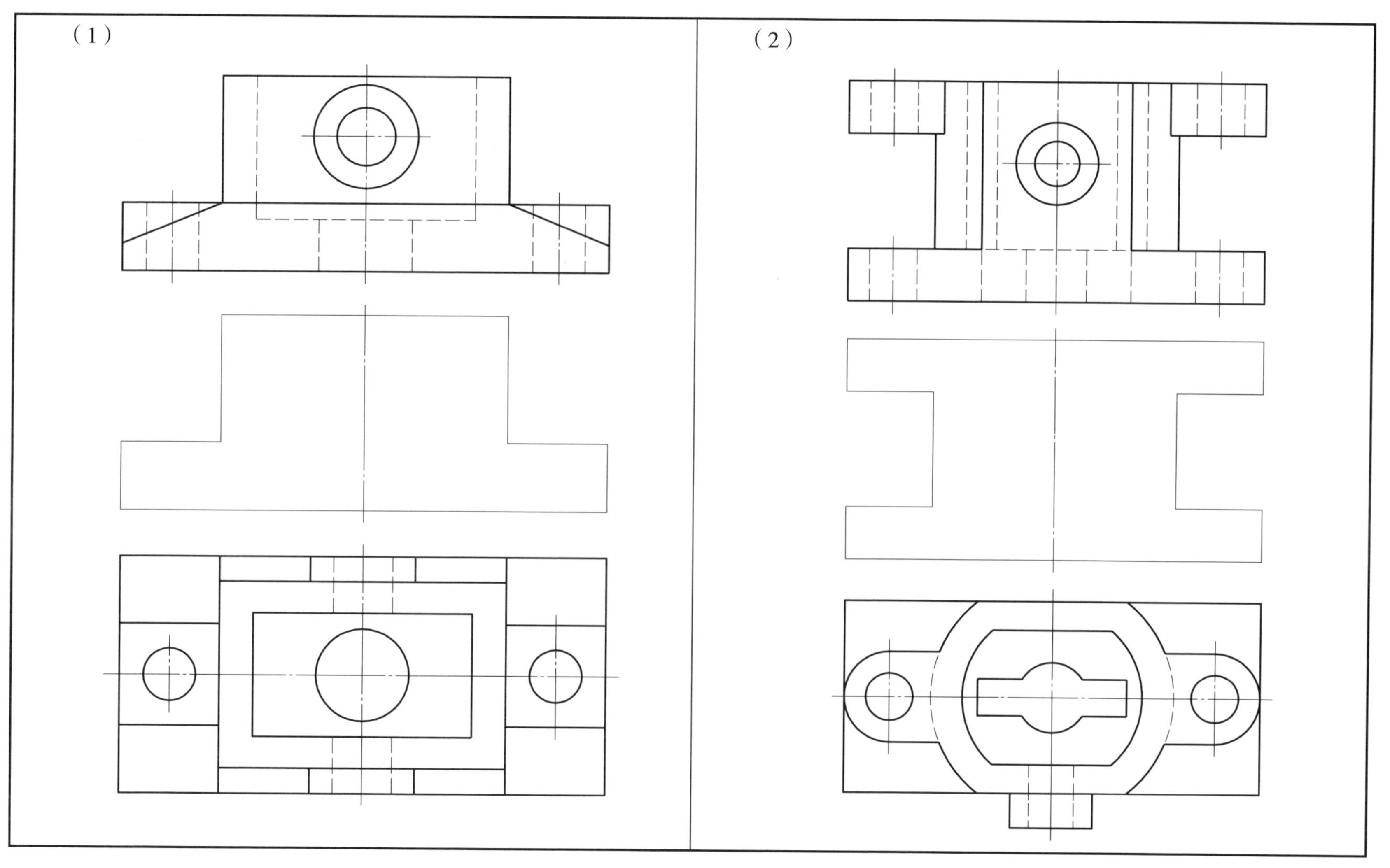

班级　　　学号　　　姓名

6-2-5　将主视图、俯视图改画为局部剖视图

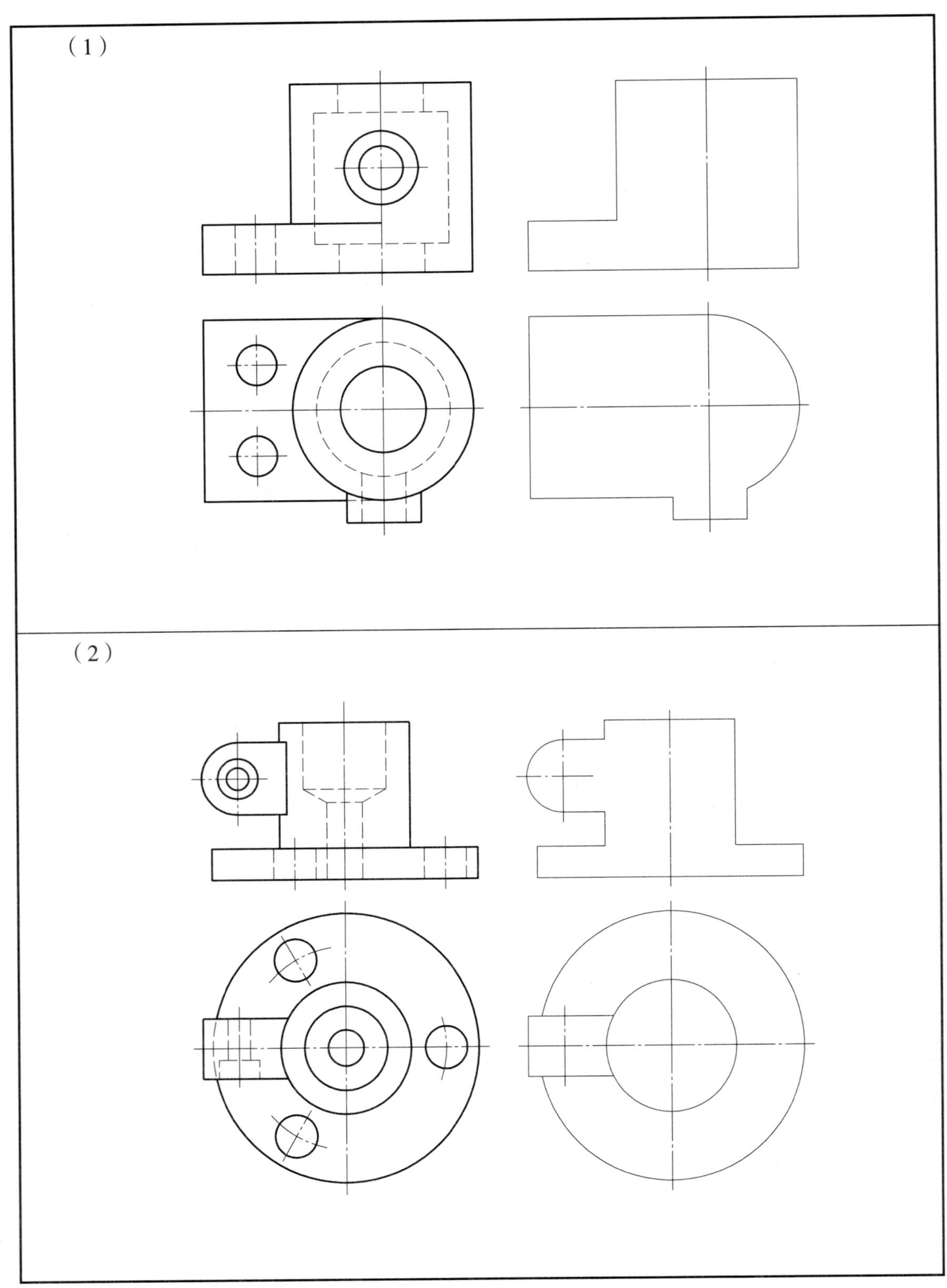

班级　　学号　　姓名

6-2-6 绘制全剖视图

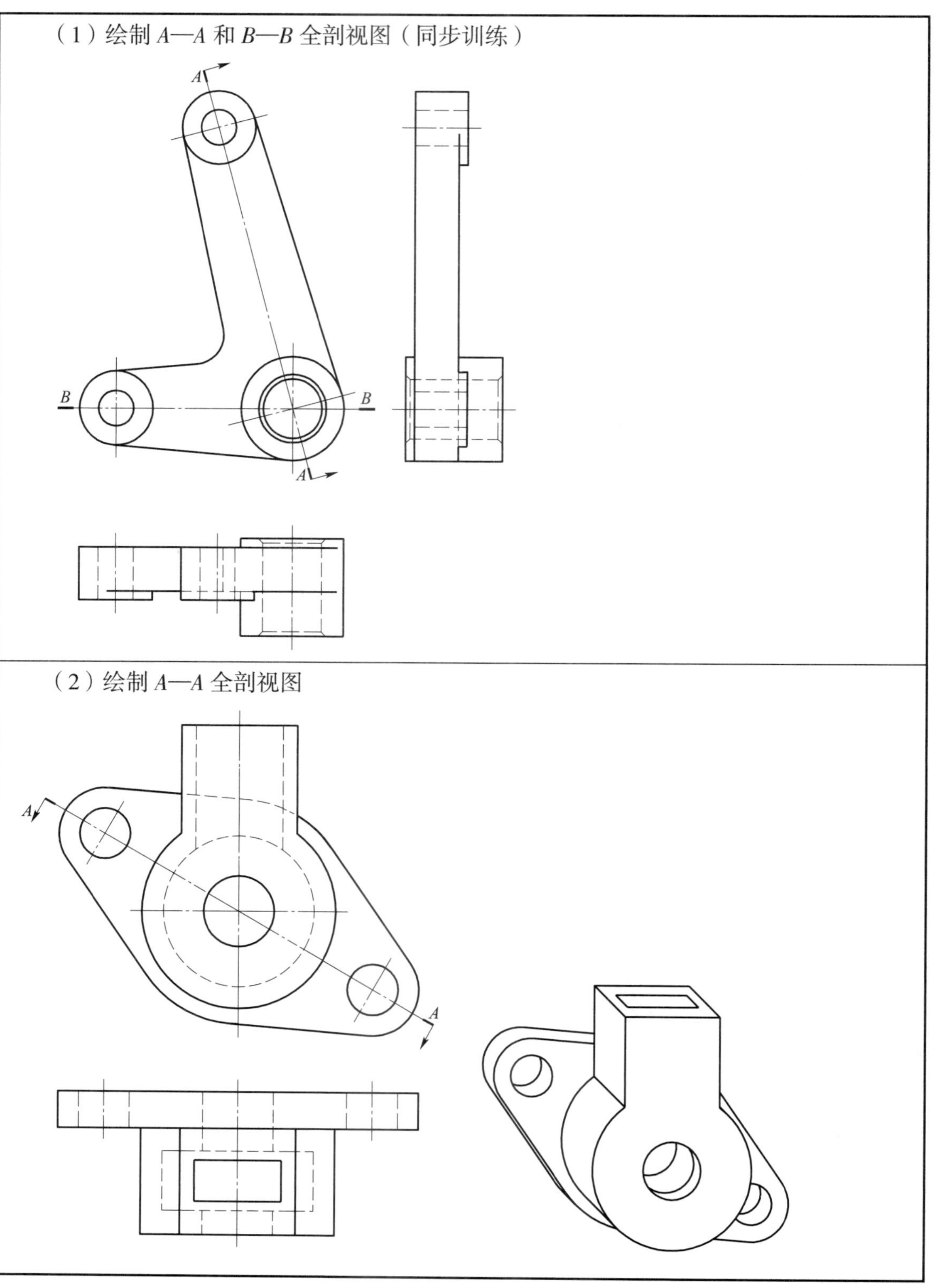

班级　　学号　　姓名

6-2-7 绘制用几个平行的剖切平面剖切的剖视图

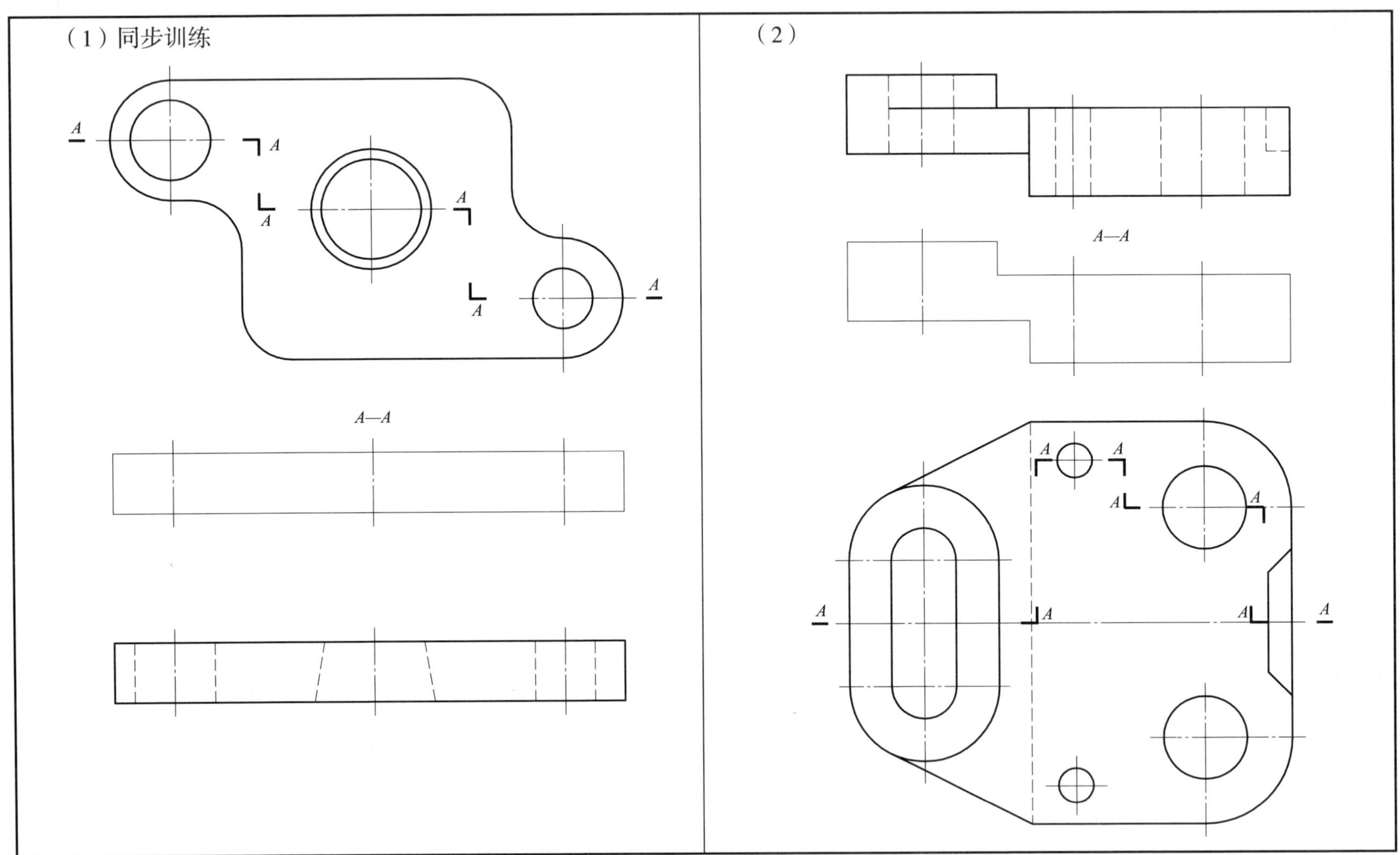

班级　　学号　　姓名

6-2-8 将主视图改画为用两相交剖切面剖切的全剖视图，并进行标注

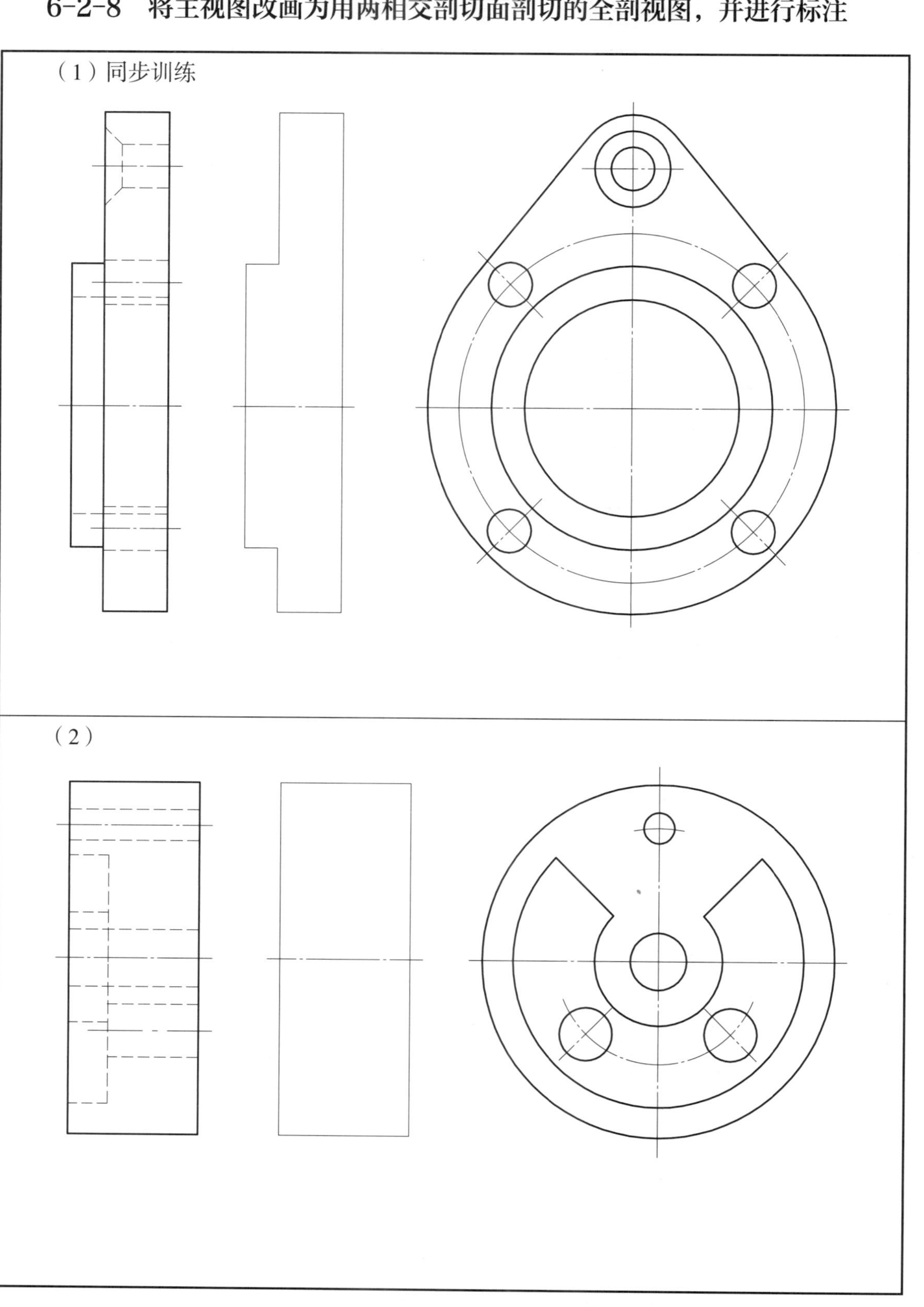

班级　　学号　　姓名

课题三 绘制断面图

6-3-1 绘制移出断面图

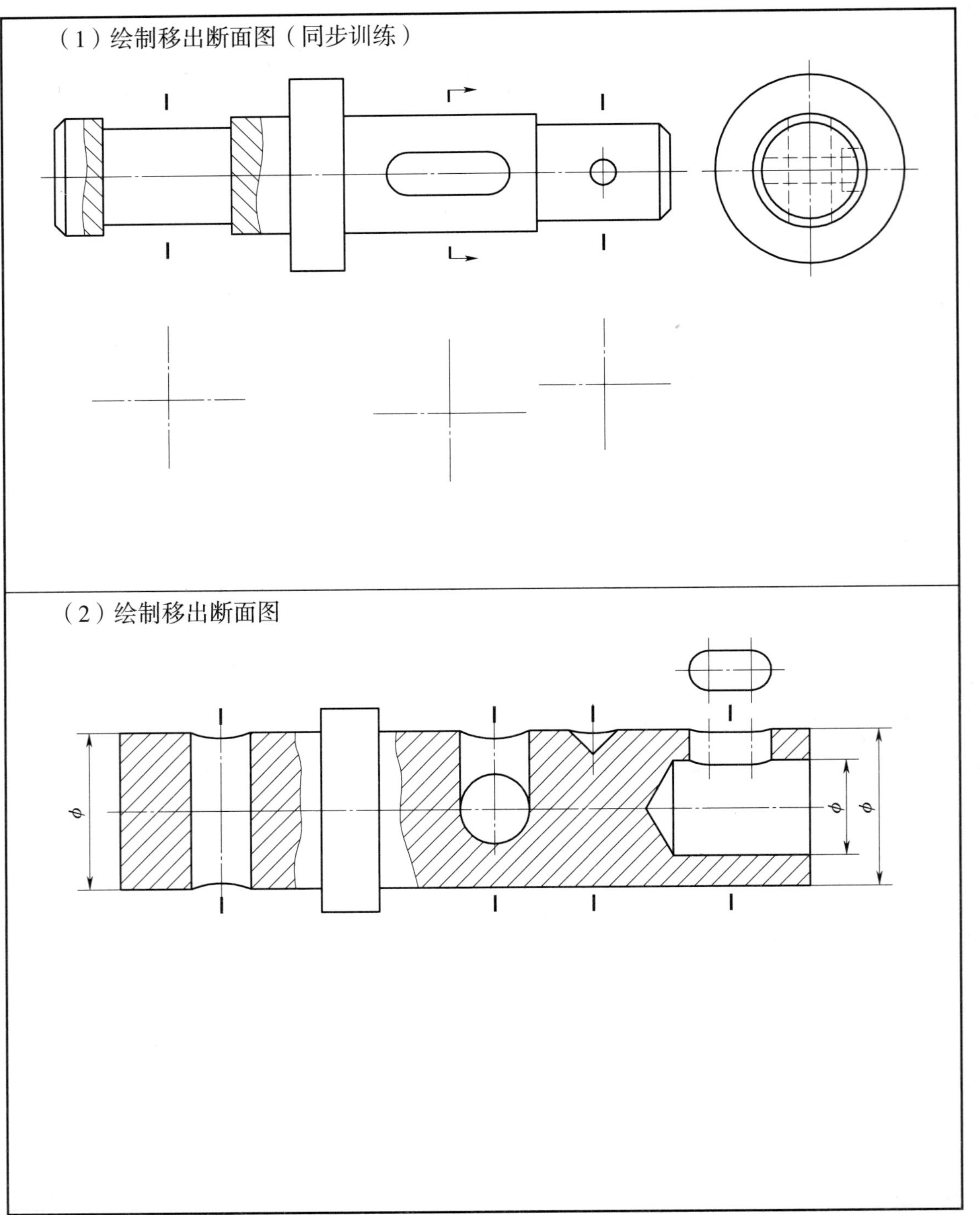

班级　　学号　　姓名

6-3-2 绘制剖视图和重合断面图

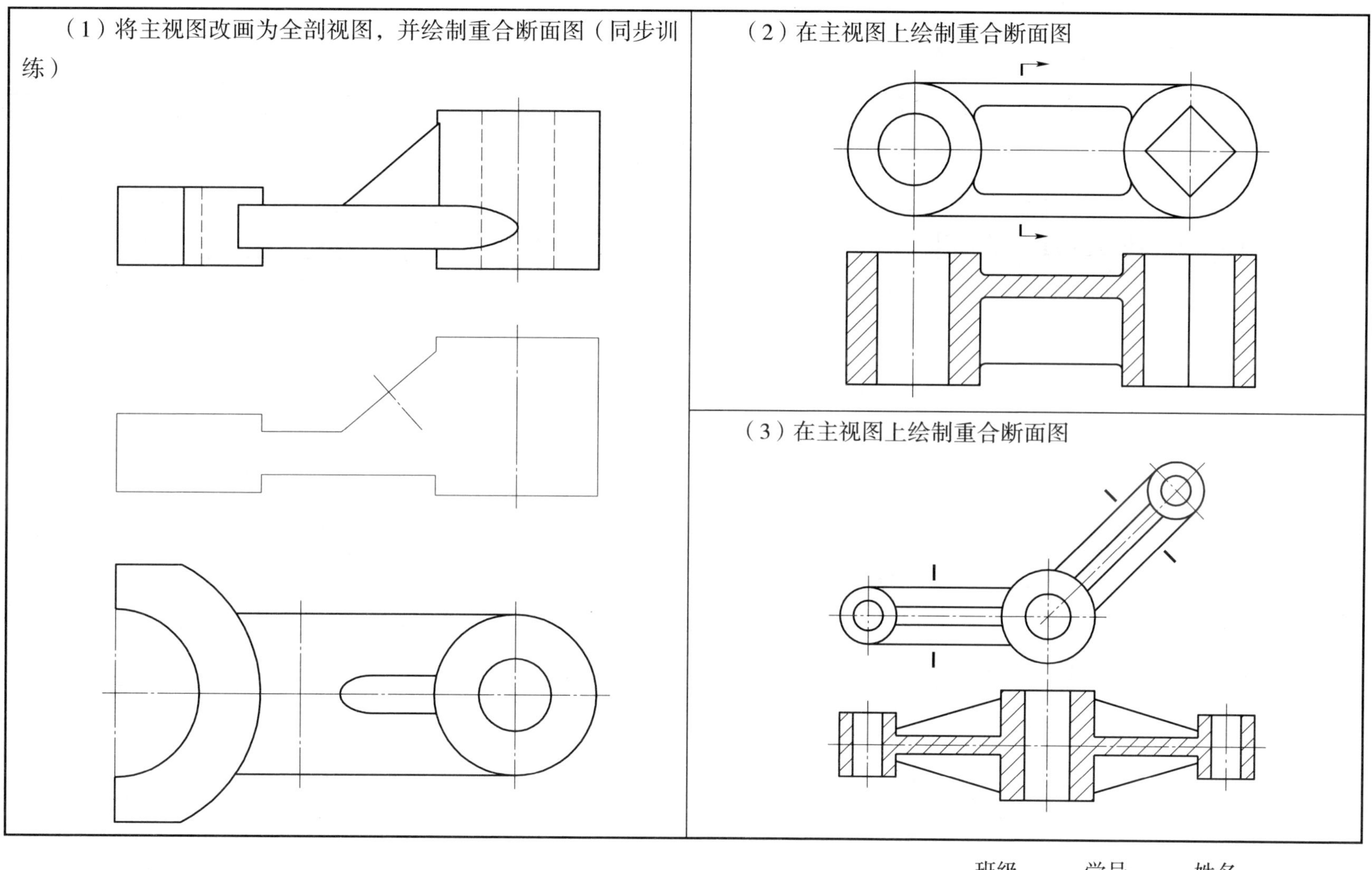

（1）将主视图改画为全剖视图，并绘制重合断面图（同步训练）

（2）在主视图上绘制重合断面图

（3）在主视图上绘制重合断面图

班级　　学号　　姓名

课题四 图样的其他表达方法

6-4-1 将主视图改画为全剖视图

（1）将主视图改画为全剖视图（同步训练）

（2）将主视图改画为全剖视图，并进行标注

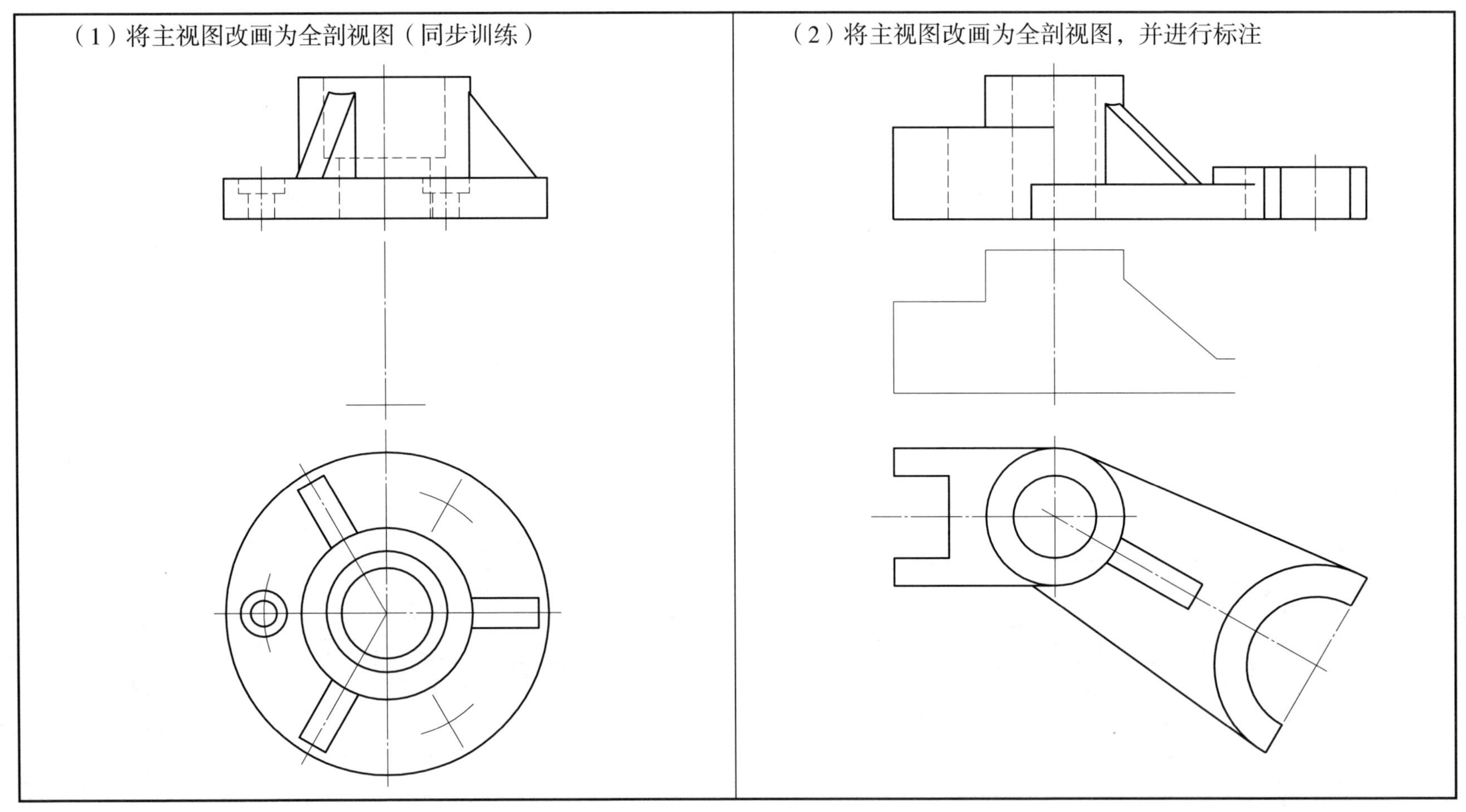

班级　　学号　　姓名

模块七　标准件与通用件的表示法

课题一　绘制螺纹及螺纹连接图

7-1-1　完成螺纹和螺纹连接图（同步训练）

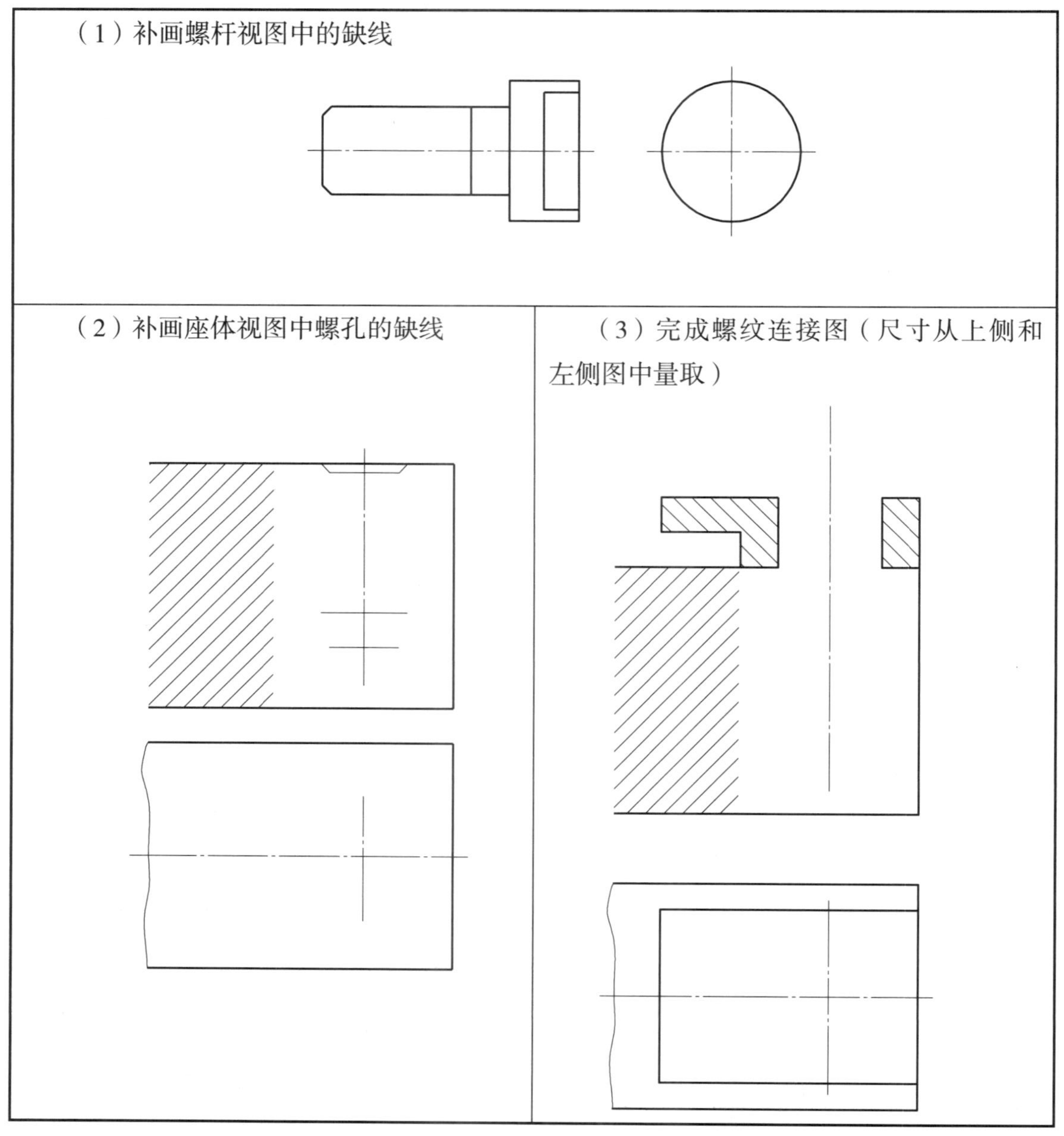

班级　　　学号　　　姓名

7-1-2 绘制螺栓连接图（同步训练）

根据连接板的尺寸，选择相应规格的螺栓、螺母和垫圈，绘制螺栓连接图

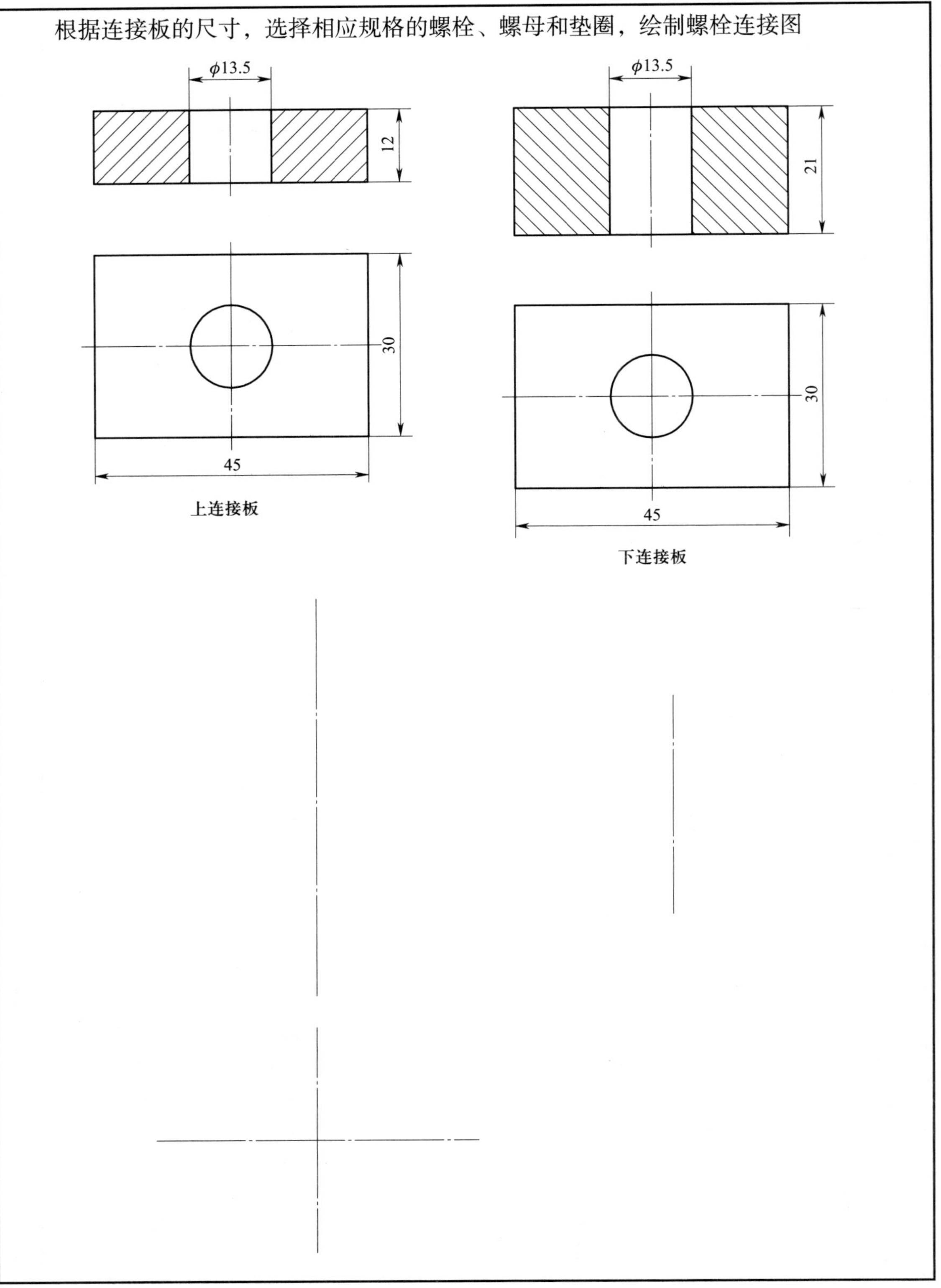

班级　　学号　　姓名

7-1-3 绘制螺钉连接图（同步训练）

根据连接板的尺寸，选择相应规格的开槽圆柱头螺钉，绘制螺钉连接图

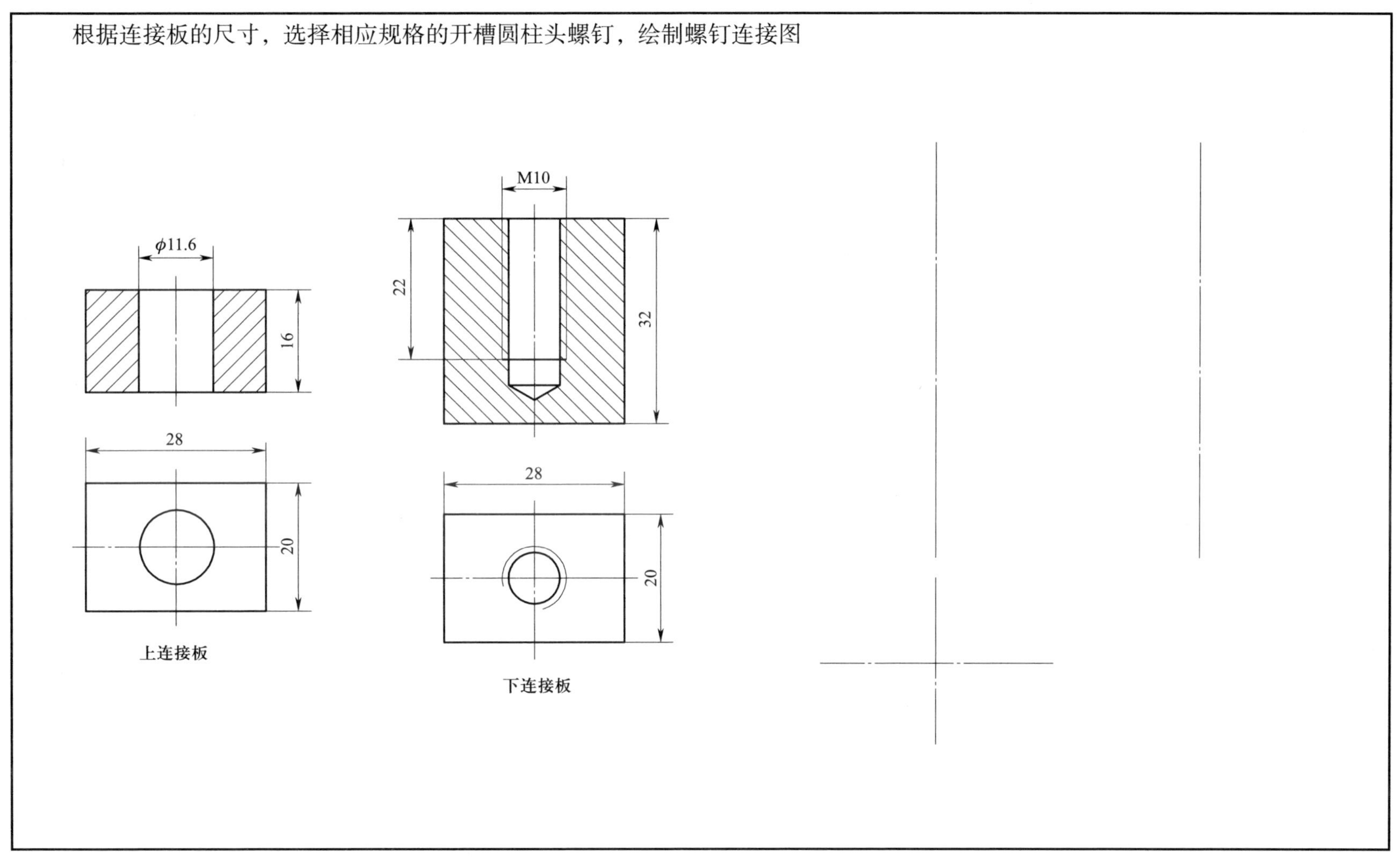

班级　　学号　　姓名

7-1-4 绘制双头螺柱连接图（同步训练）

根据连接板的尺寸，选择相应规格的双头螺柱和弹簧垫圈，绘制双头螺柱连接图

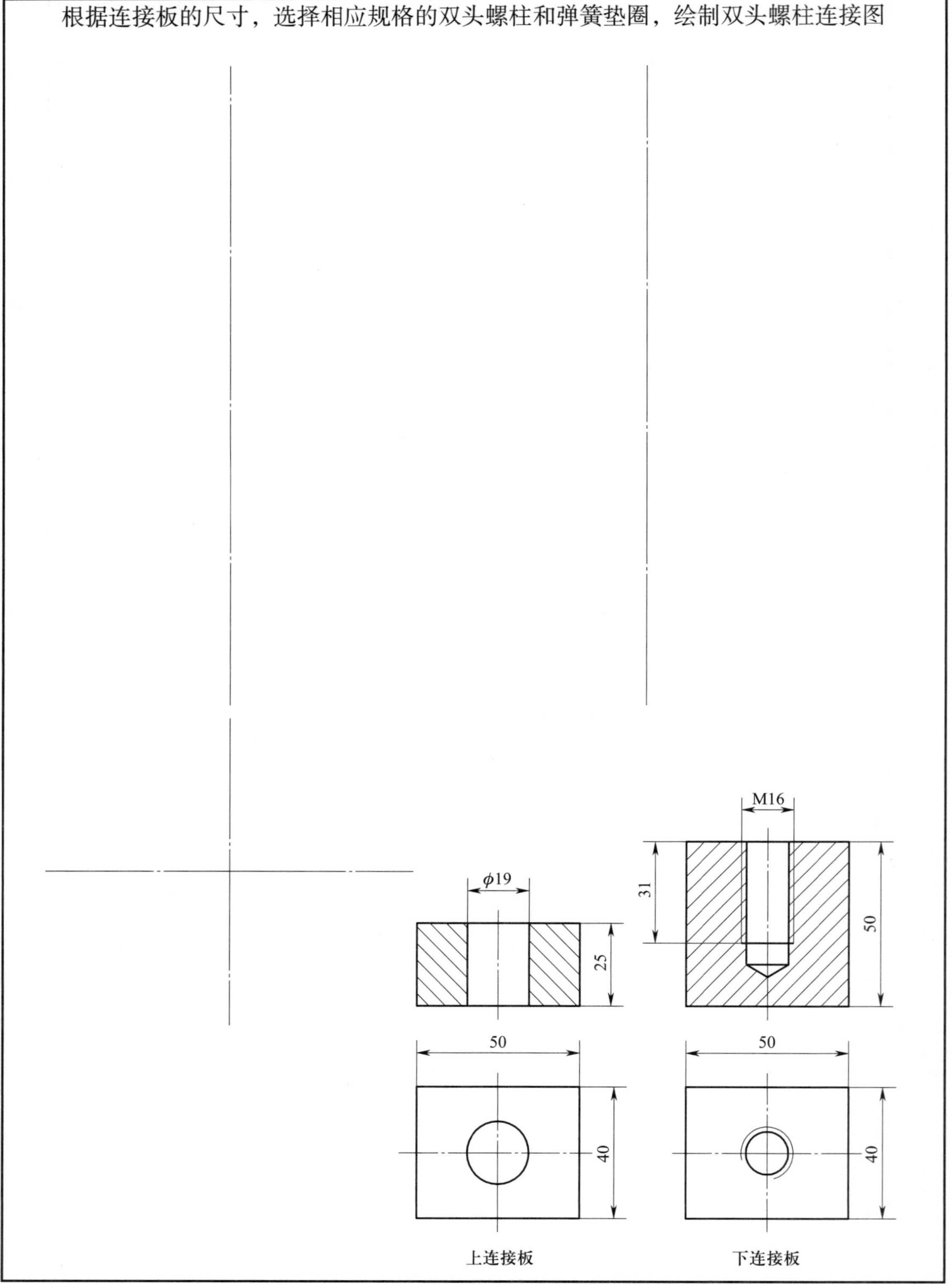

班级　　学号　　姓名

课题二 绘制齿轮的视图

7-2-1 绘制齿轮（同步训练）

（1）已知小圆柱齿轮的模数 m=2.5 mm，齿数 z_1=18，齿宽 b_1=16 mm，试计算小圆柱齿轮的主要几何尺寸，并参照教材表 7-7 绘制小圆柱齿轮的视图（绘图比例为 1∶1）

（2）已知小直齿锥齿轮的模数 m=2 mm，齿数 z_1=25，齿宽 b=16 mm，试计算小直齿锥齿轮的主要几何尺寸，并参照教材表 7-13 绘制小直齿锥齿轮的视图（绘图比例为 1∶1）

班级　　学号　　姓名

7-2-2　绘制大直齿圆柱齿轮（同步训练）

已知大直齿圆柱齿轮的模数 m=2.5 mm，齿数 z_2=35，齿宽 b_2=14 mm，试计算大直齿圆柱齿轮的主要几何尺寸，并参照教材表 7–8 绘制大直齿圆柱齿轮的视图（绘图比例为 1∶1）

班级　　　学号　　　姓名

7-2-3 绘制直齿圆柱齿轮啮合图（同步训练）

参照教材表7-9，绘制题7-2-1（1）与题7-2-2的圆柱齿轮啮合图（绘图比例为1∶1）

班级　　学号　　姓名

7-2-4　绘制大直齿锥齿轮（同步训练）

已知大直齿锥齿轮的模数 m=2 mm，齿宽 b=16 mm，齿数 z_2=43，试计算大直齿锥齿轮的主要几何尺寸，并参照教材表 7–14 绘制大直齿锥齿轮的视图（绘图比例为 1：1）

班级　　　学号　　　姓名

7-2-5 绘制直齿锥齿轮啮合图（同步训练）

参照教材表 7-15，绘制题 7-2-1（2）与题 7-2-4 的直齿锥齿轮啮合图（绘图比例为 1 : 1）

班级　　　　学号　　　　姓名

课题三　绘制键连接图和销连接图

7-3-1　绘制半联轴器装配图（同步训练）

根据教材图 7–32 所示零件的形状及尺寸，参照教材表 7–16，绘制半联轴器装配图（绘图比例为 1∶1）

班级　　　学号　　　姓名

7-3-2 绘制套筒联轴器装配图（同步训练）

根据教材图 7-37 所示零件的形状及尺寸，参照教材表 7-17，绘制套筒联轴器装配图（绘图比例为 1∶1）

班级　　学号　　姓名

课题四 绘制滚动轴承和弹簧

7-4-1 完成滚动轴承的视图

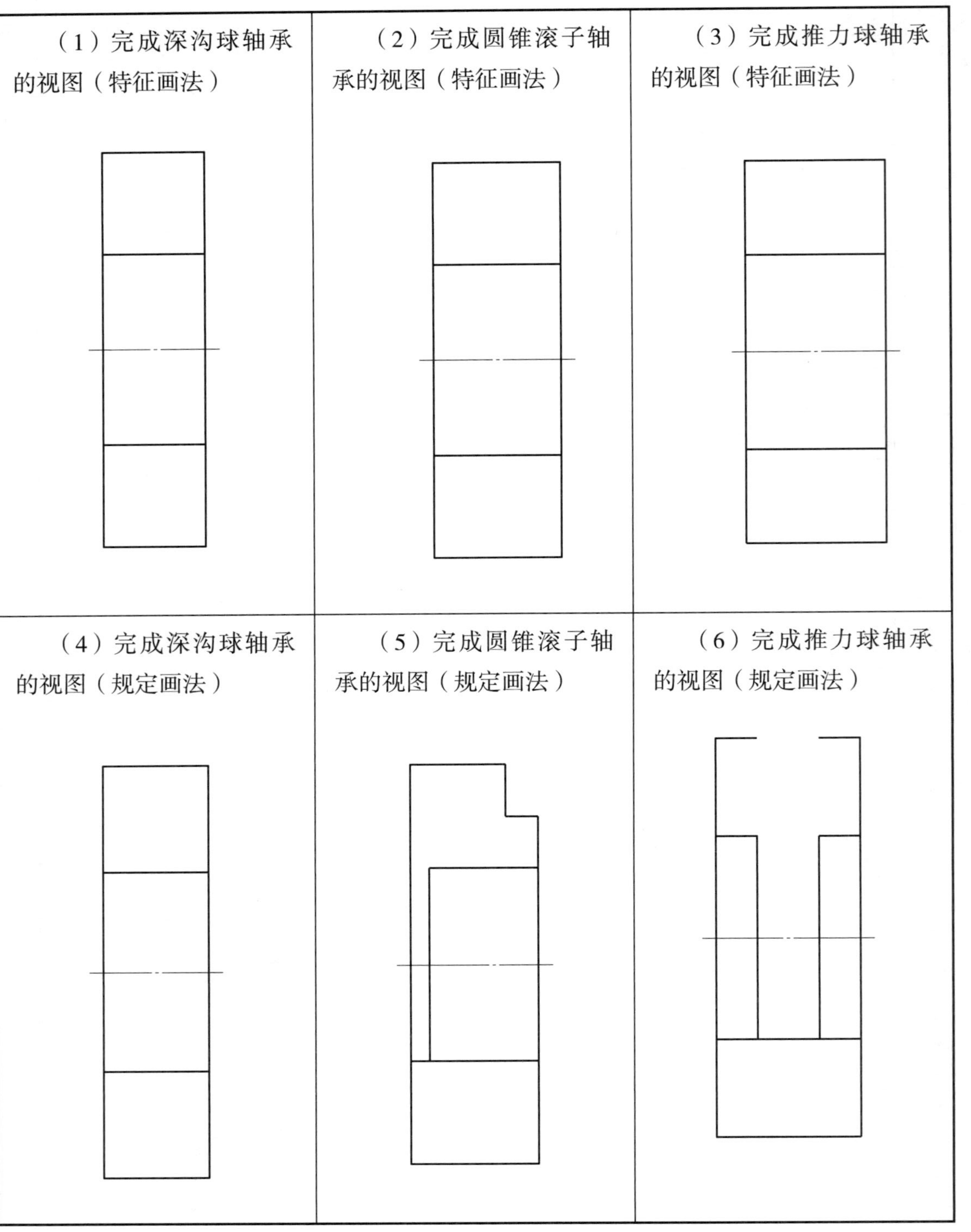

班级　　学号　　姓名

7-4-2 绘制弹簧（同步训练）

已知圆柱螺旋压缩弹簧的外径 D=60 mm，弹簧簧丝直径 d=5 mm，节距 t=10 mm，有效圈数 n=6，支承圈数 n_2=2.5，右旋。试画出该弹簧的主视图（全剖）和俯视图

班级　　　学号　　　姓名

模块八　识读汽车机械图样

课题一　识读汽车零件图

8-1-1　识读柱塞套零件图，回答问题

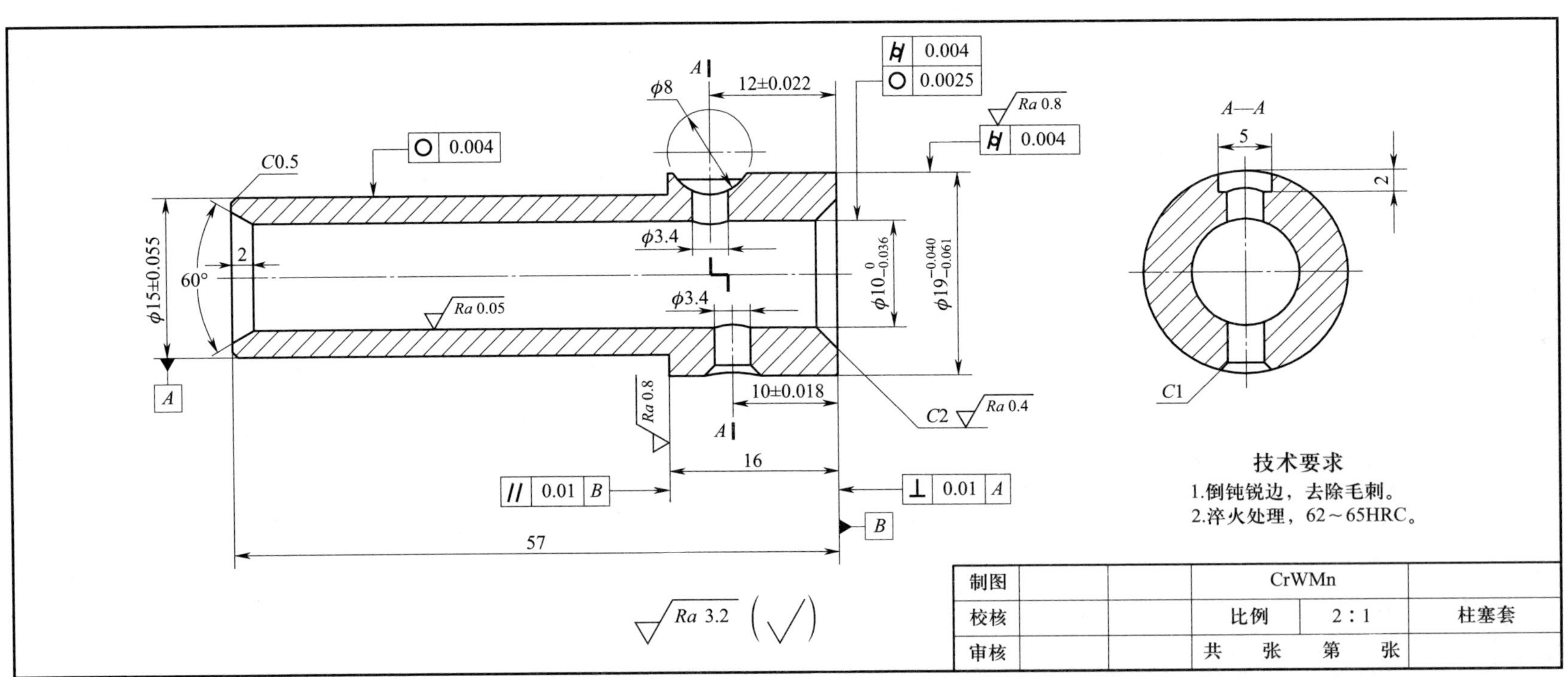

班级　　学号　　姓名

8-1-1（续）

该柱塞套是柴油发动机燃料供给系统中喷油泵总成中的一个零件，看懂该零件图，回答下面的问题。

（1）该柱塞套所用的材料为__________，该零件图的绘图比例为__________。

（2）该零件采用了________个视图表达，分别是________视图和________视图。

（3）该零件图的主视图采用了____________剖切平面的________剖视图，左视图采用了__________剖切平面的_________剖视图。

（4）该零件由两个不同直径的空心圆柱组成，左侧外圆柱面的直径为________mm，长度为________mm；右侧外圆柱面的直径为________mm，长度为________mm。内部轴向通孔的直径为________mm。

（5）该零件左端外圆柱的倒角为_______。轴向通孔左端的倒角的锥度为_______，轴向尺寸为_______mm；轴向通孔右侧的倒角为_______。

（6）该零件上有_______个 ϕ3.4 mm 的通孔，上侧 ϕ3.4 mm 通孔的定位尺寸为____________，下侧 ϕ3.4 mm 通孔的定位尺寸为____________。

（7）主视图右上侧标注尺寸 ϕ8 处的结构为____________，其宽度为________mm。

（8）$\phi 15 \pm 0.055$ 的尺寸公差为________mm，$\phi 10_{-0.036}^{\ 0}$ 的上极限尺寸为________mm，下极限尺寸为_________mm。

班级　　　　学号　　　　姓名

8-1-2　识读轮毂零件图，回答问题

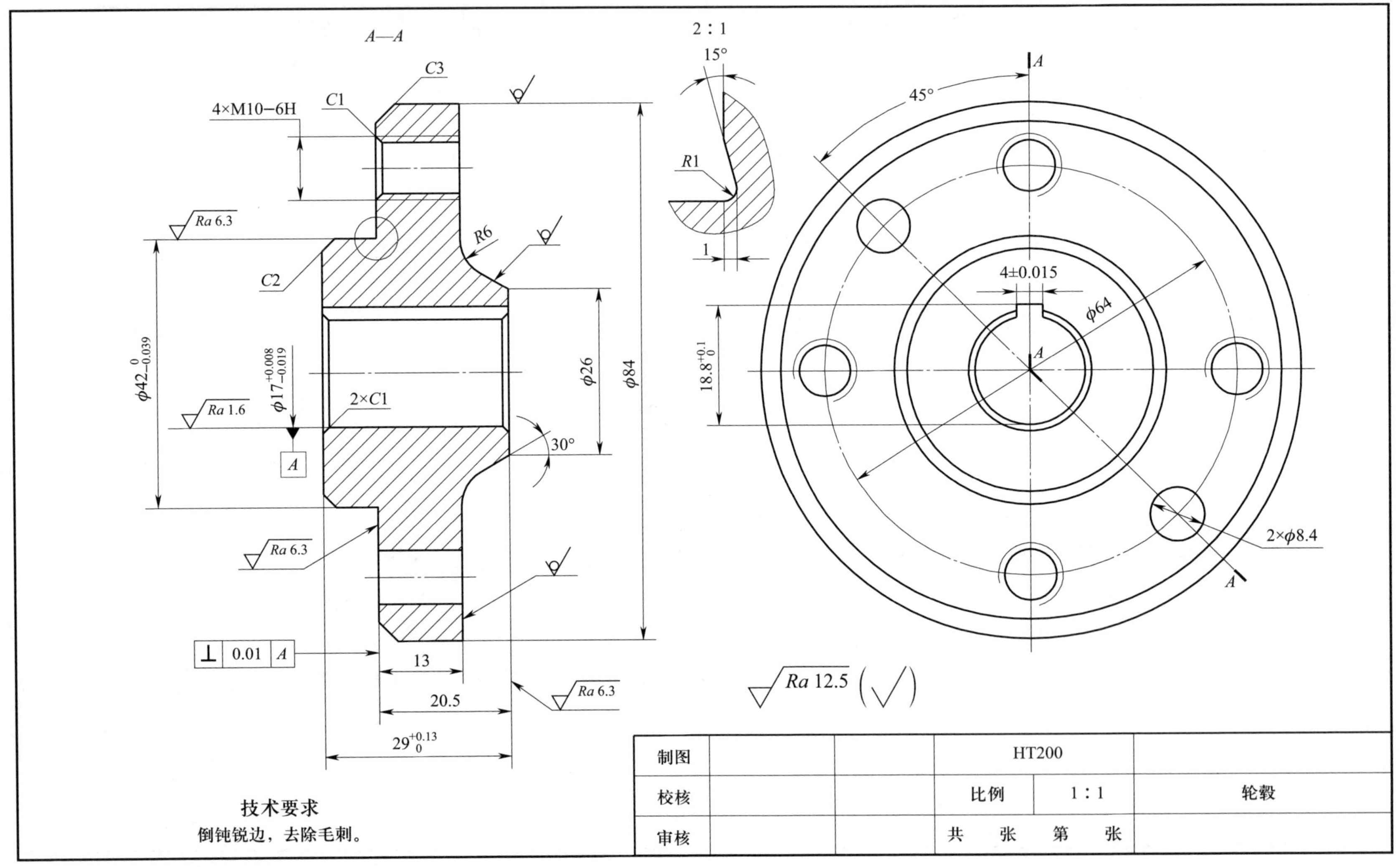

制图			HT200		
校核			比例	1∶1	轮毂
审核			共　张　第　张		

班级　　　学号　　　姓名

8-1-2（续）

该轮毂是汽车发动机水泵 V 带轮的轮毂，与轮缘用螺栓连为一体，安装在汽车水泵轴上。看懂该零件图，回答下面的问题。

（1）该轮毂所用的材料为_________，该零件图的绘图比例为_________。

（2）该零件图采用了_________视图和_________视图两个基本视图，还采用了___________图。

（3）该零件图的主视图采用了___________剖切平面的_________剖视图。该零件图上的局部放大图采用的绘图比例为_______，采用的表达方法是_________图。

（4）该零件左侧圆柱体的公称直径为_______，其上极限尺寸为_______，下极限尺寸为_________。该圆柱体左侧的倒角尺寸为_________。

（5）该零件中间部分的法兰盘直径为_________，厚度为_________。法兰盘上有_________个螺孔，其螺纹代号为_________。螺孔的定位尺寸为________，螺孔左侧的倒角尺寸为_________。

（6）在法兰盘上有_________个直径为 8.4 mm 的通孔，其定位尺寸为_________和_________。

（7）该零件左侧圆柱与法兰盘左端面的相交处有一个过渡结构，其定形尺寸为__________、__________和__________。

（8）该零件右侧凸台为圆台，其锥角为_______。圆台与法兰盘的右端面采用圆角过渡，过渡圆角的半径为_________mm。

（9）轮毂中间圆孔的公称直径为_________mm，其上极限尺寸为_________，下极限尺寸为_________。

（10）轮毂轴孔两端的倒角尺寸为_________。

（11）在轴孔上有一个键槽，其定形尺寸为______________和______________。

班级　　　学号　　　姓名

课题二 识读汽车装配图

8-2-1 识读手动泵装配图，回答问题

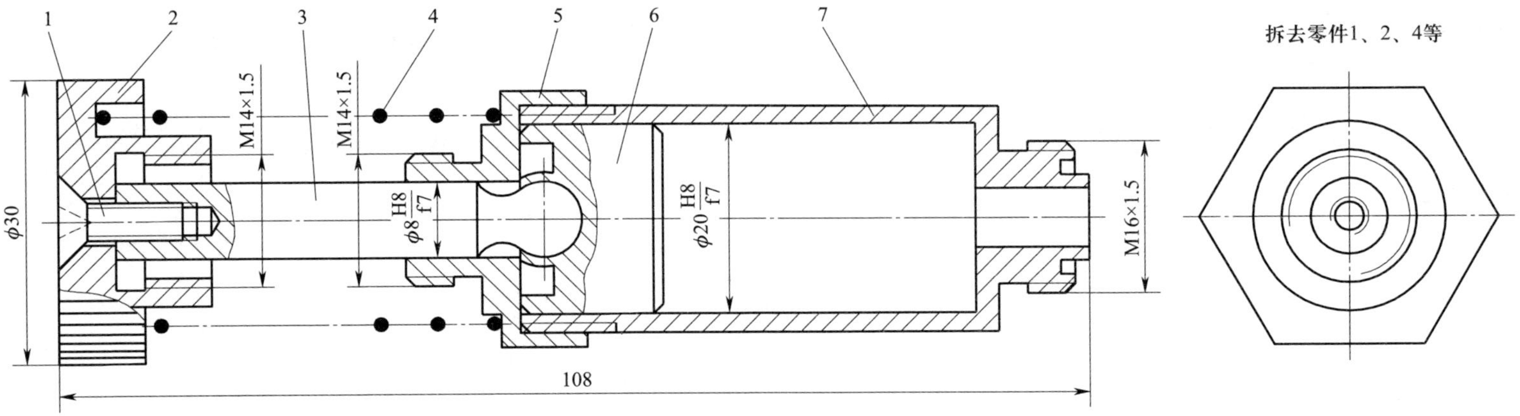

技术要求

活塞与泵轴的球头接头连接可靠，松紧适度，保证既不脱离，又能相对转动。

7		套筒	1	HT250	2		手柄盖	1	45
6		活塞	1	40Cr	1	GB/T 819.1—2016	螺钉M4×10	1	35
5		螺母套	1	45	序号	代号	名称	数量	材料
4		弹簧	1	60Si2Mn	制图				
3		泵轴	1	45	校核		比例	1：1	手动泵
序号	代号	名称	数量	材料	审核		共　张　第　张		

班级　　学号　　姓名

8-2-1（续）

手动泵是内燃机燃油系统中的辅助泵，主要起排除油管中空气的作用。看懂该装配图，回答下面的问题。

（1）该装配图采用了__________视图和__________视图两个基本视图。

（2）主视图采用了__________剖视图，剖切平面通过装配体的____________________，主要表达手动泵的_____________。

（3）左视图采用了__________画法，是拆去_____________、_____________和_____________后绘制的外形图，主要用于辅助表达手动泵的_____________。

（4）手动泵通过____________右侧的____________________与管路连接。

（5）按压手柄盖，使活塞_____________运动，将气（油）压出；松开手柄盖，在_____________的作用下活塞_____________运动，进行吸气（油）。

（6）当手动泵不工作时，在将手柄盖压下后再________时针旋转手柄盖，使_____________上的螺纹与_____________左侧的螺纹旋合。使用时再________时针旋转手柄盖，使螺纹脱离连接。

（7）尺寸___________________确定了手动泵排气（油）量的大小，从而确定了手动泵的规格，这个尺寸同时也是配合尺寸，表示_________________________与____________________________之间的配合。

（8）尺寸 M16×1.5 为_____________尺寸，它是将手动泵连接在管路上所需的尺寸。

（9）尺寸 108 和 ϕ30 为_____________尺寸，螺纹代号 M14×1.5 为_________________尺寸。

班级　　学号　　姓名

8-2-2　识读滚柱式单向超越离合器装配图，回答问题

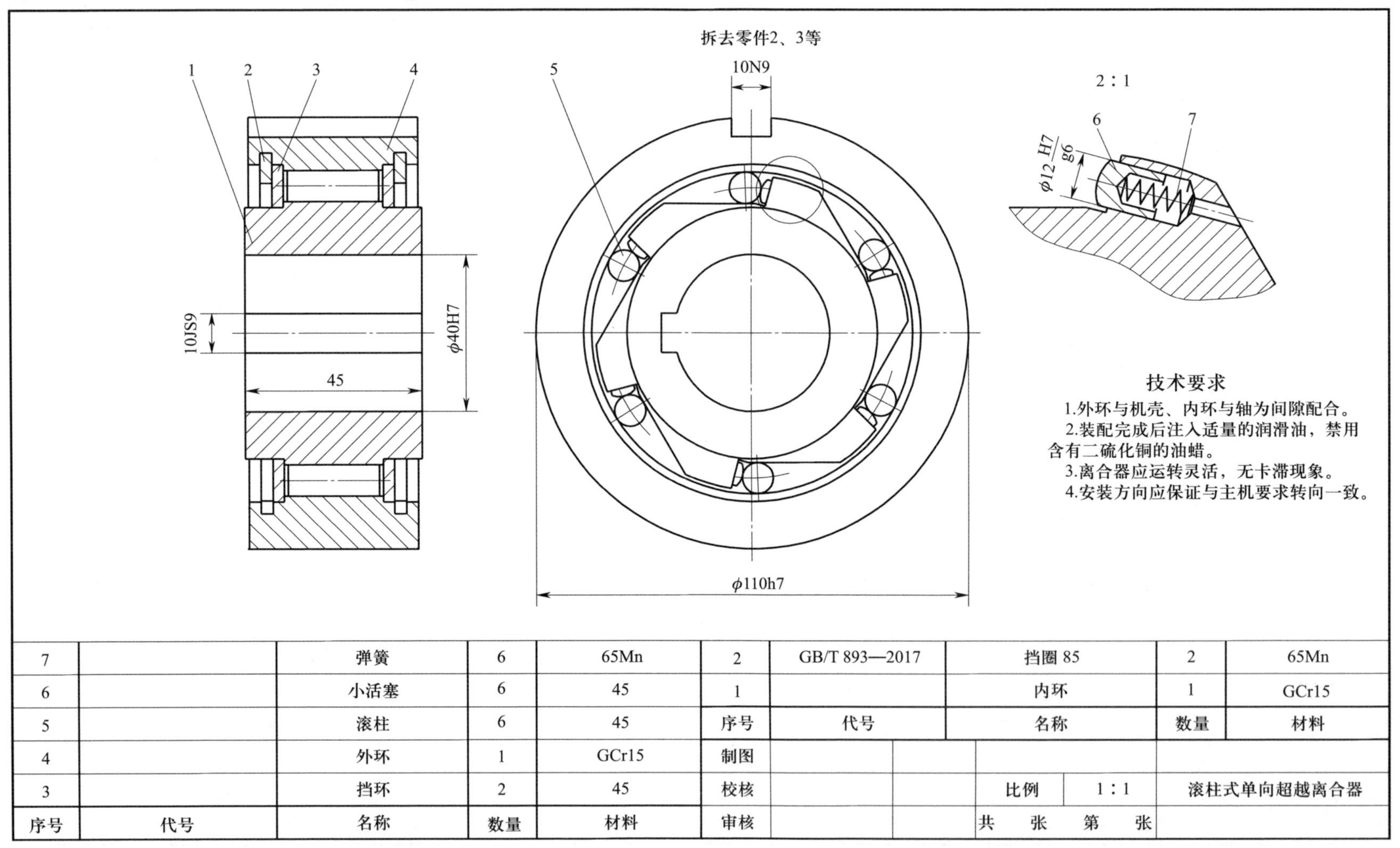

7		弹簧	6	65Mn	2	GB/T 893—2017	挡圈 85	2	65Mn
6		小活塞	6	45	1		内环	1	GCr15
5		滚柱	6	45	序号	代号	名称	数量	材料
4		外环	1	GCr15	制图				
3		挡环	2	45	校核		比例	1∶1	滚柱式单向超越离合器
序号	代号	名称	数量	材料	审核		共　张　第　张		

班级　　　学号　　　姓名

8-2-2（续）

单向超越离合器是汽车机械传动的基础件之一，用于轴与轴之间的结合与分离，它是一种靠主、从动部件的相对速度变化或旋转方向的变换而具有自行离合功能的组件。看懂该装配图，回答下面的问题。

（1）该单向超越离合器由________种零件组成，普通零件有________种，________是标准件。

（2）该装配图采用了________视图、________视图和________________图三个图形表达。

（3）主视图采用了________剖切平面的________剖视图。左视图采用了________画法，是拆去__________和__________后绘制的外形图。

（4）局部放大图采用的表达方法是________图，主要用于表达_________、__________与内环的位置关系及装配关系。

（5）该滚柱式单向超越离合器的内环与变速器输出轴连接，外环与传动轴连接，当变速器输出轴________时针转动时，滚柱滚向间隙较窄的一侧，滚柱被楔紧而使离合器处于________状态。

（6）当输出轴不输出动力时，若传动轴顺时针旋转（即传动轴的转速超越了输出轴的转速），则滚柱滚向间隙较宽的一侧，使内环与外环________，起到安全保护作用。

（7）弹簧和小活塞的作用是保证滚柱与________和________的可靠接触，由于弹簧压力较小，因此不会在超越运转时使滚柱楔紧。

（8）内环与轴连接的安装尺寸为________和________，外环与孔连接的安装尺寸为________和________。

（9）该装配体的外形尺寸是________和________。尺寸$\phi 12\frac{H7}{g6}$是________尺寸。

（10）单向超越离合器装配完成后注入适量的__________，禁用含有______________的油蜡。

（11）单向超越离合器安装方向应保证与主机要求__________一致。

班级　　学号　　姓名